マドンナメイト文庫

素人投稿スペシャル 禁断の熟妻懺悔録

素人投稿編集部

E N T S

C O N T

※投稿者はすべて仮名です

〈第一章〉

夫を裏切っても抗えない熟妻の肉欲

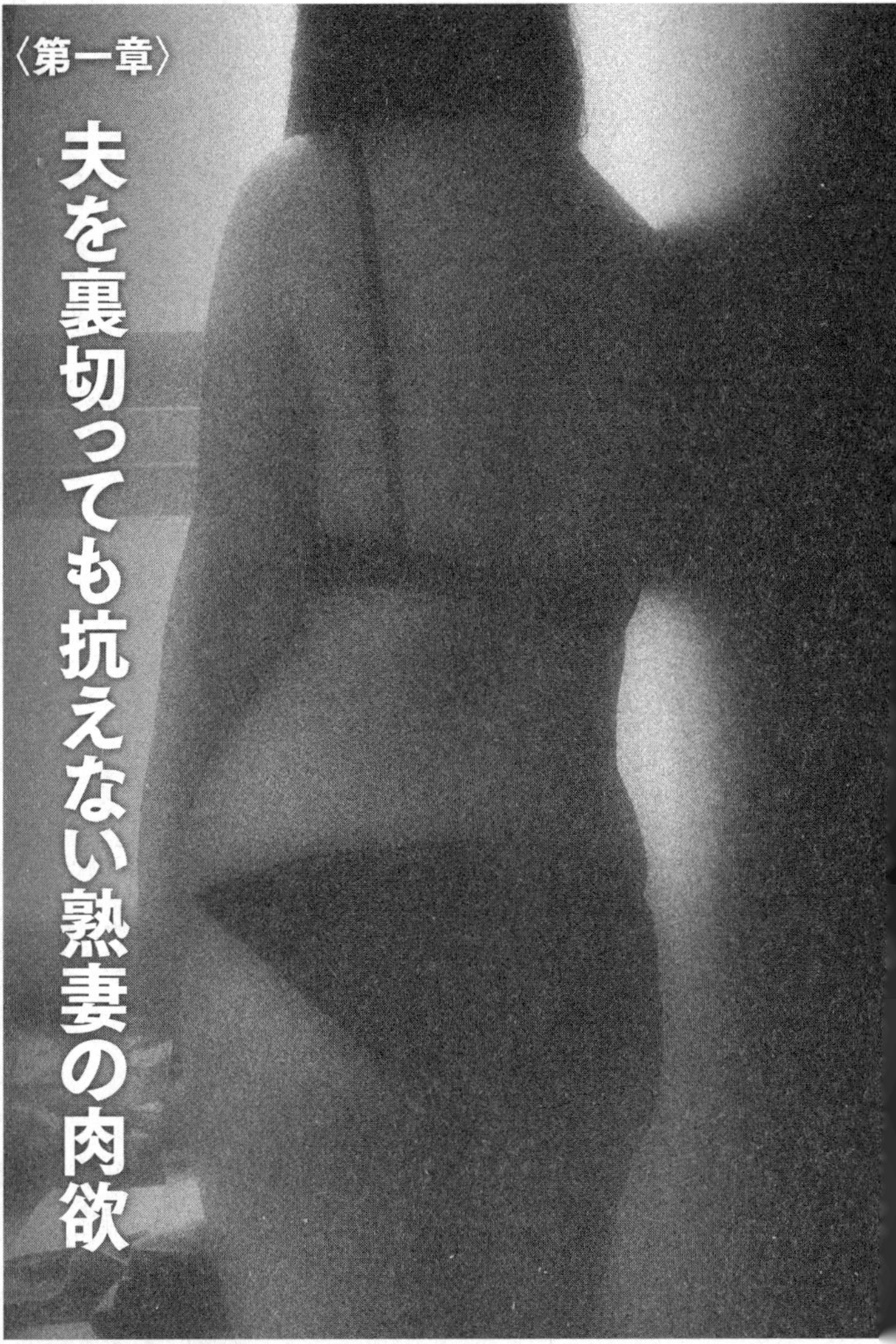

送別会で泥酔し意識をなくした私は鬼畜な上司と同僚に犯された挙句……

皆藤聡美　主婦　四十歳

夫を裏切ったことになるのかどうか……何度も自問自答しました。でも、こうして悩んでいる時点で、やっぱり裏切ってしまったのだと思います。

これから書いていくのは、私の身に起きた、三週間ほど前の出来事についてです。心の整理をするためにも、一度すべてを赤裸々にしたいと考えてペンを執《と》りました。

不快感を覚える方がいらっしゃるかもしれず、また私自身も思い出すことが苦痛でしかありませんが、できる限り包み隠さずに書いていきたいと思います。

そもそもの始まりは、ずっと共働きでやってきた私たち夫婦が四十代を迎えるにあたり、どうしても子どもが欲しいとの結論に達して、妊活のために私が退職することになったことでした。

職場の提案で送別会が開かれることになり、そこで事故が起きたのです。

もともと夫は、私が飲んで帰ることを好まない人で、こうした飲み会などの席はいつも辞退させられていました。でも今回は私自身の送別会ということで、どうしてもと無理を言って出席させてもらいました。

参加者はお偉方を含めた十人ほど。大きな会ではありませんでしたが、ふだんのつきあいが悪かったぶん、ここぞとばかりに飲まされてしまい、最後だからとつきあってしまったのが最初の失敗でした。自分にとってけっしてよい職場ではなかったこともあり、私自身もストレスを発散させたくなってしまったのです。

二次会までは覚えていますが、そこから先の記憶があいまいで、気がつくと私は直属の上司だった田代《たしろ》と、同僚だった鈴木《すずき》に左右から抱えられて歩いていました。

田代は五十代前半、鈴木は同い年の男性です。

いつからこの三人だけになったのか……朦朧《もうろう》としている私の体中を二人の手が這い回っていました。

着衣越しに胸のふくらみをもまれ、前から後ろからスカートの中に手を入れられていました。

とんでもないことをされているとわかっているのに、抵抗どころか抗議する気力もない状態で、自力で立つこともままならない夢うつつの私は「やっぱ乳デカい」「お、濡れてきた」などと卑猥な言葉を浴びせられていました。

怒りの感情をわき起こすこともできないほど意識が薄く、判断力もなくなっていました。夫の顔が頭をよぎったりする一方で、遅い時間になったことをどう言いわけしていいかなど、複雑なことを考える力はありませんでした。

何度思い返しても後悔しかないのですが、このときはただただ、体を横たえて眠りにつきたい一心でした。

いつホテルに連れ込まれたのかもわかりません。ベッドに寝かされた私はそのまま意識を失ってしまい、翌朝、全裸にされている自分に気がついたのです。

飛び起きると田代の姿はすでになく、鈴木がだるそうにネクタイを結んでいました。

「おはよう」と言われ、私はゾッとして「何をしたの？」と詰問《きつもん》しました。

「何って……覚えてないの？　あんなに楽しんでたのに」

鈴木は小バカにしたように唇をゆがめて言いました。

状況から何をされたのかは推察できましたが、楽しんでいたはずなどありません。

ただ、記憶がまったくないことから確信が持てず、それが恐ろしくて仕方がありませんでした。

「田代さんは？」

「夜中のうちに帰ったよ。あの人は妻子持ちだし、昇進も控えてるからスキャンダルはまずいだろ」

ネクタイを結び終えた鈴木が毛布で隠した私の体をジロジロと遠慮もなく見ながら言いました。

「レイプしたのね？」

「はぁ？　何言ってんだよ、自分で誘ってきたくせに」

「そんなわけないじゃない。私は酔って意識がなかったんだから……あなたたちが無理やり……」

「おい、人聞きの悪いこと言うなよ」

鈴木は一瞬、気色ばみましたが、思いのほかすぐに落ち着きを取り戻して、

「まあいいじゃん、最後に思い出ができて。あ、でも旦那にはうまいこと言いわけしとかないとな」

とまともに取り合ってくれようとはしませんでした。

そこからは私が何を言っても片手を振ってあしらうばかりになったのです。

「俺も急ぐんだよ、子どもみたいなこと言ってないで早く支度してくれ」

言われて時計を見ると時刻は朝の七時でした。

夫になんと言えばいいのか……混乱の中で服を着ながら、頭痛が残っていることも合わさって泣きたい気持ちになりました。

ブラウスのボタンを留める手は動揺のあまり震えていて、立ち上がると膝に力が入りませんでした。

寝ずに待っていた夫には嘘をつくしかありませんでした。

カラオケで盛り上がったあと、具合の悪くなった女の子を送ってそのまま彼女の部屋で寝てしまった、心配かけて申し訳なかった……と。

ひどく叱られましたが、夫が怒るのも当然のことでした。とにかく平謝りしてなんとかいったんの許しをもらい、彼を仕事に送り出しました。

一人になると全身の力が抜けたようになって、家事がまったく手につきませんでした。どうしてあんなに飲んでしまったのか、どうして早くに毅然《きぜん》とした対応ができなかったのか……考えだすと自分が許せなくなり、同時に田代と鈴木に対する強い怒りがわき上がりました。

それでも、このまま何事もなく時間が過ぎれば、いつかはもっと大切なことのために気持ちや時間を使えるようになっていたのかもしれません。

ところが、その日の夕方、田代からゾッとするようなメールが届いたのです。

〈昨夜は楽しかったね。また遊ぼう〉

とのメッセージといっしょに三十秒ほどの短い動画が添付されていました。

動画を再生してみると、そこには信じられないものが映っていました。

私はすぐに田代の携帯電話に返信して何が起きているのかを把握しようとしました。

すると田代からは、

〈ほんとうに覚えてないんだ？　もっと長い動画があるけど、見る？　重いからメールでは送れないけど〉

との返信があり、もし見たいなら鈴木とともに時間を作るとの打診が合わせてありました。とにかく事実を知りたかった私は承諾し、翌々日の日中、二人と会うことになりました。

私は喫茶店かファミレスあたりで話すのだろうと思っていましたが、動画の内容が内容だからとカラオケボックスへ連れていかれ、そこで動画を見せられました。

映像はスマホのカメラによるもので、二人が交互にスマホを持って撮影したり、ベッドの横のテーブルに固定して撮られたもののようでした。

ぐったりとして目を閉じている私が、二人にスーツと下着を脱がされ、局部を撮られ、全身を舐め回され、凌辱《りょうじょく》されていました。

最初のうち、私は完全に意識を失っているようでしたが、なぜか朦朧としながらも徐々に反応を始め、途中からは悦んでいるようにも見える動作をしていました。

二人は私の口や性器を犯しながら「ご主人、見てますか。奥さんのエロい体、いただいてます」「こっちのほうがいいらしいんで生でやってます」などと口々に卑猥な言葉を発し、田代のほうは「妊活の予行演習だ！」と膣内で射精しているように見えました。

私は蒼白になりました。もともと女だからとバカにされているのはわかっていました。それでも一所懸命に仕事をしてトップの成績を出していたのに、この仕打ち……。

私が田代をにらみつけると向こうは少したじろいだ顔になり、

「こういうかたちで親睦《しんぼく》を深めたのはまあ、大人同士だから黙っていれば問題ないと思うけど、撮影したのはやりすぎたかなと思ってる」

と反省らしき言葉を口にしました。でも直後に、

「ただ見てのとおりあなたも楽しんでたわけだから、今日はお互い水に流しましょうということで来たんだよ」

とぬけぬけとした口調でつけ加えました。

いったい何が「お互い」で何が「親睦」なのでしょう。そもそも「水に流す」とは、

どういう目線で言っているのでしょうか。

怒りのあまりに全身の血が逆流したような気がしました。

「その動画、消してください」

私は必死になって気持ちを落ち着け、言葉を絞り出しました。

ところが田代は、今度は鈴木と顔を合わせてニヤリと笑ったのです。そして、

「君の気持ちはわかるんだけど、これはぼくらの財産だから、消すとなったら落としどころを決めないとねぇ」

と訳のわからないことを言いました。さらに、私が、どういうことですかと聞くと、

「今日はぼくたちわざわざ時間を割いてるの、あなたのために。あと二時間くらいかなぁ。あなたも夕方には帰っていたいでしょう？　だからいまから行こうか、ホテルに」

と信じられない発言をしたのです。泥酔した元部下を二人掛かりでレイプしておいて、その証拠の動画を盾にこちらを脅迫してくるなんて……理不尽すぎて言葉もありません。こんな卑劣な人間がこの世にいるのかと耳を疑いました。

ここで毅然とした態度をとっておけば、まだよかったのだと思います。なのに私は、主人に知られたくないという一心で、バカな決断をしてしまいました。「そうしたら

消してくれますか？」と、事実上取引に応じる返事をしてしまったのです。

何度後悔してもしきれない瞬間でした。

自分で自分を許せませんし、気が動転していたことなど言いわけにもならないと理解してはいるのですが、その場では、ああする以外には考えられなかったのです。

「早くすませてください」

内心の動揺を押し隠してそう冷たく言うのが精いっぱいでした。

ここからの二時間は、いま思い返しても地獄そのものでした。前回とは違い、今度ははっきりと意識があるのですから……。

とても恥ずかしいことですが、私に何が起きたのか、記録しておく意味もこめて正確に書いていきます。

三人でホテルに入ったとき、私にはある程度の覚悟ができていました。

舌を噛んで死んでしまいたいほど屈辱的ではありましたが、このひとときさえ我慢すれば、彼らと完全に縁を切ることができる……そうすればきっと時間が解決してくれるに違いないと気持ちを切り替えていたのです。

逆に言えば、そう自分に強く言い聞かせていなければ、とても耐えられなかったということでもあるのですが……。

「スーツ姿の皆藤《かいとう》君もよかったが、私服もなかなかねぇ」

二人から離れて壁際に立った私を舐めるように見ながら、田代がニヤついた顔で言いました。

こんな二人に会うためにおしゃれなどしてくるはずがありません。この日の私は長い着丈のカーキ色のワンピースの上に白い薄手のカーディガンを着ていました。

こんなことになるとは思わずに、暑いかもしれないとワンピースのほうは袖なしにしてしまったことが悔やまれました。

「やっぱりスタイルがいいから、何を着ても似合うんだなぁ」

やや太って脂ぎった顔の田代が笑うと、ガマガエルのように見えました。私はふだんから内心で「ガマ」と呼んで嫌っていたのですが、こういう状況ではそのいやらしさ加減が私自身の身を斬ってくるようでした。

「細いのに胸も尻もでかくてメリハリがあるっていうね。四十路でこれはほんとうにすごいことですよ。俺、何回もオカズにしてましたから」

ジム通いをしていて筋肉隆々の鈴木は、営業成績ではどうしても私に勝つことができず、いつも足引っぱろうとし、こういうセクハラ発言をしては私を精神的に追い込みつづけてきた男でした。

こんな二人の言いなりにならなければならないなんて……口惜しさとおぞましさに体がガタガタ震えだしそうでした。

「お高くとまった顔がまた、いいんだよなぁ」

二人がスーツの上着を脱いでネクタイをはずし、まず田代が私の目の前までやってきて言いました。そしておもむろに正面からキスをして太い舌を口の中にねじ入れてきました。

ふうふうと鼻息を荒くし、ワンピースの布地ごしに乳房を荒々しくもみながら、股間のふくらみを私の下腹部に押しつけて腰を動かしてきました。

私はゾッとして鳥肌を立てながらかたく目を閉じ、ただひたすらに耐えるだけでした。

「おや、ずいぶんと色っぽいワンピースなんだねぇ」

カーディガンを脱がせて床に落とした田代が、ノースリーブに気がついて喜色を浮かべ、私の片腕を乱暴に持ち上げました。そしてそうするなり、汗ばんだ腋の下に唇を吸いつけてベロベロとそこを舐め回してきました。

「ひっ……」

気持ち悪さと恥ずかしさに思わず声が洩れました。

「こんなことしてないで……早くすませてください……」

私が表情を消しながら言うと、田代はまたニヤニヤと笑って、

「いやいや、そんなもったいないことはできないねぇ。むしろ、こういうことをするための時間だと思ってるんだよ。なあ、鈴木君」

と、私を壁に押しつけたまま鈴木のほうを振り返りました。

「ええ、だからこういうものも用意してるわけですしね」

答えた鈴木が持っていた紙袋の中から何かを取り出しました。それがなんであるかがわかって私はギクリとしました。

それは、片手で使える電動のマッサージ器だったのです。

「そんなもの、使う必要ないでしょう。単にあなたたちが満足すればそれで……」

「満足には体の満足と心の満足があるんだよ、皆藤君」

田代がそう言ったあと「両手を頭の後ろで組みなさい」と命令口調でつけ加えました。

「私はもうあなたの部下じゃないんです。命令はやめてください」

私がキッとして言うと、田代は、

「おや、君はあの動画を消してもらいたくてここへ来てるんだろう? 立場をわきまえたほうがいいんじゃないのか?」

と手であごをグッとつかんできました。いったいどこまで汚い男なのか……痛みの中、殺意すら覚えました。しかし動画を盾にされると従わないわけにはいきませんでした。もちろん限度はあるにせよ、ここまで耐えてきたことがむだになるような事態は絶対に避けたいという気持ちがあったのです。

私が言われたとおりのポーズをとると、田代が鈴木に合図をして、鈴木が電動マッサージ器のスイッチを入れました。

「最初は、服の上からいってみようか」

田代の指示で、鈴木が私の下腹部にマッサージ器の先端を押し当ててきました。鈍い振動が下腹全体に広がり、これなら大したことはないと思ったとき、鈴木が押しつけてくる角度を変えました。

そのとたん、私は「あっ」と声をあげてしまいました。

「いいところに当たってるみたいだよ。鈴木君、もっと振動を強くしてあげなよ」

「やめて！　こんなことしてなんになるの」

「何って、皆藤君のそういうエッチな顔が見られるじゃないの」

田代が言いながらワンピースの胸元のボタンをはずしてきました。

「おっ、またエロいブラジャーしてるんだねぇ。さすが、デキる女は違うよ」

言いながら無造作に前を開かれ、ブラから乳房をつかみ出されました。

「こないだサイズを見たらFカップでしたよ」

そう言う鈴木がしつこく当ててくるマッサージ器が、ジワジワといやな効果を発揮しはじめていました。一方の田代はそんな私の反応を楽しむように、じっと顔を見つめてきながら痴漢じみた手つきで乳房を弄《もてあそ》びつづけました。

「直接当ててみましょうか」

興奮を露《あらわ》に小鼻をふくらませた鈴木がワンピースのすそをまくり上げ、マッサージ器を下着の上から当ててきました。

「いやっ、やめて！」

思わず手をおろして鈴木を制しようとしたとたん、田代に「誰が手をおろしていいと言った？」と冷たい声で言われ、あわてて元に戻しました。

そんな自分に嫌気が差しましたが、言うとおりにしないとどんな無茶をされるかわからないという恐怖もありました。

「今日もTバックはいてるんだ。この間やっと判明してすっきりしたんだけど、いつ見てもパンティラインがわからないからノーパンじゃないかと思ってたんだよ」

鈴木がうれしそうに言い、私のパンストだけを膝までおろして、ますます残酷な角度でマッサージ器をクリトリスに当ててきました。

言いわけをするわけではありませんが、夫とはずっとセックスレスが続いていました。共働きでそういう時間がとれなかったからで、だからこそ妊活のために退職までしたのです。

「皆藤君がスケベなのはこの間の一件でわかってたけど、今日のほうがイイ顔になってるねぇ。ほら、乳首もピンピンにとがってる」

田代がバストトップに唇を吸いつけていやらしく舐め回したり、甘嚙みしたりしてきました。同時に鈴木がパンティをおろして、クリトリスに直接マッサージ器を当ててきました。

私は声を抑えられなくなり、全身をわななかせながら内股になってくずおれそうになりました。

「もうビッチョビチョに濡れてますよ。ほら、ほら」

鈴木がマッサージ器を当てながら指でヴァギナをいじってきました。

指先が膣口に浅く出入りし、そのたびに私のお尻がズルズルと壁に当たったまま落ちていきました。

「たまらんなぁ、これは。もっとじっくり楽しむつもりだったが……」

顔を赤黒く上気させた田代が、せわしい手つきで自分のズボンをおろしました。大きくはありませんが硬く反り返ったものが露になり、ムンッと生臭さが鼻を突きました。中腰になっていたはずの私は気づくと床に座り込んでいて、田代のそれが目の前に来ていました。

「ほれ、しゃぶれ。手は頭の後ろで組んだままだぞ」

ホテルに入ったときまでは、まさかここまで屈辱的な扱いを受けることになるとは思っていませんでした。ましてや、自分自身の反応に苦しめられるなんて……。

どうしていいかわからないまま、咽喉《のど》の奥まで田代のものを押し込まれ、下半身は鈴木にマッサージ器をクリトリスに当てられ、ヴァギナに指を入れられていました。

このままでは達してしまう……そう思ったとき、体が勝手に動いて私は暴れ出していました。

「いやぁっ!」

叫びながら田代を押しのけ、外へ出ようと四つん這いで二メートルほど進みました。

その背中に田代がおおい被さってきて、羽交い絞めにされると、私は床の上で身を捩《ねじ》りながらなおも鈴木にマッサージ器を当てられつづけました。

田代は会社の言いなりになることしかできない無能上司、鈴木はそんな田代の腰ぎんちゃく……悔しさが込み上げてきて、私は訳のわからない言葉を叫び散らしました。

しかし二人掛かりの男に勝てるはずもありません。

気がついたときには泣きながら絶頂に達し、ビクビクとわななきつつ床に転がっていました。

「こうやって手間をかけさせてくれるのも皆藤君の魅力だよ。しかし結局はわれわれの言いなりになるしかない」

味わうようにそう言った田代が、鈴木に命じて私をベッドに運ばせました。

中途半端に服を脱がされた状態で横たわる私に、二人が同時に絡みついてきました。

鈴木の大きな手で乳房をもみしだかれ、バストトップを吸われ、途中で何度もキスされました。

そうする間に田代が私のヴァギナに鼻を突っ込み、アヌスのほうにまで舌を伸ばしてきながら、腰を動かして私の脚に汚いものをこすりつけてきました。

「ほら、俺のもしゃぶれよ」

鈴木が顔へ跨《またが》るようにして口にアレを押し込み、私の鼻をつまんできました。

私は苦しさの中で「ゲウウーッ」と咽喉を鳴らしながら、涙を流して舌を動かしました。涙が出たのは苦しかったからなのか、悔しかったからなのかわかりません。

私の顔の位置からは見られませんでしたが、田代の手で脚を大きく開かれたのがわかりました。そして足の指をベロベロ舐められ、そうしながら指で膣内をかき回されました。

「どんどん濡れてくるじゃないか。相変わらず感度がいいね、皆藤君は。本当はこういうの、好きなんだろう？」

興奮に息を弾ませながら言う声が聞こえました。思わず憤怒《ふんぬ》した私は危うく口内にある鈴木のものを嚙み切りそうになりました。

「歯を立てるなよ、メス豚」

鈴木が髪の毛をつかんで言いながら片手で首を絞めてきました。

「ゲェウッ！」

気が遠くなりかけたとき、田代がズンッと私を貫いてきました。

「おお、やっぱり絡みついてくる。女は四十くらいからスキモノになるっていうが本当だな。皆藤君のオマ○コはとんだ淫乱だ。さっきイッたばかりなのにねぇ」

言葉の暴力に心を削られるばかりでなく、今度も避妊せずにしているのかと思うと血の気が引く思いでしたが、抵抗することはできませんでした。

この二人は狂っているのだと思う以外になく、私はただ生きてここを出ることだけを考えることにしました。

「鈴木君、邪魔だな」

田代に言われて鈴木が私の顔の上から下りると、田代がおおい被さって乳房に顔を埋《うず》めながら激しく腰を振り動かしてきました。

鈴木は私の両手を頭上で押さえ、「またイキそうか？　ん？」と顔を覗き込んできました。

田代にバストトップを吸われながら奥を突かれ、私は四肢を突っ張らせました。

「うおっ、また締まってきた」

田代が汗だくで叫び、しかし射精にはいたらずに「あぁ、もう年だな、鈴木君、交替しよう」と喘ぎあえぎ言って腰を引きました。すると鈴木が張り切った様子で私の下半身側へ移動し、私に四つん這いの体勢をとらせました。

私が言うなりになると、鈴木が後背位の体勢で中に入ってきて、激しく腰を打ちつけてきました。田代とは違う激しい動きに私はのけぞりながら髪を振り乱しました。声を抑えようにも理性がとぎれとぎれになり、気がつくと叫ばされてしまうのです。

田代がそんな私の姿を見てまたその気になったらしく、前方から私の口に汚れたものを咥えさせてきました。

前から後ろから凌辱される私は、頭の中が真っ白になり、背後から乳房をもみたくってくる鈴木の筋肉の躍動に身も心も押し流されていくようでした。

田代には頭をつかまれ、鈴木にはたびたびお尻を引っ叩かれながら激しく揺すられ、目の前に火花が散っているような感覚でした。

いまごろ夫は仕事をしているのだと思うと申し訳なさもこみ上げてくるのですが、その思いもすぐにかき消されて再び真っ白に……。

そうするうちに、田代が私の口の中でものを弾けさせました。

濃い、臭い匂いのする熱い精液が口いっぱいに満ち、唇の端から溢れてシーツに垂れ落ちました。

「うはぁっ、イッちまった……すげぇ……」

田代がゼイゼイと息をしながら言い、ゆっくりと腰を引いてものを抜き出すと、そのままへたり込みました。

その様子を見たらしい鈴木が「へへっ、こっちはまだまだ」と言いながら私の上体を起こさせ、背面座位の格好で真下から私を突き上げてきました。

左右のバストトップをつままれ、首筋を舐め回されながら私は串刺しになり、気がつくと何度も絶頂に達していました。気持ちはいっさい許していないのに体が快感をむさぼってしまっていることが口惜しくて仕方がありませんでした。

いえ、このときは、悔しいと思う気持ちすら意識できていなかったかもしれません。最後に鈴木が正常位で私を犯し、胸と胸を密着させながら突いてきたとき、私は無意識に鈴木の腰に脚を巻きつけてすらいたのです……。

「このままだと中に出すことになるぞ、いいのか?」

そう言われてハッと我に返り、脚を解いたのと同時に鈴木が腰を引きました。

そして、勢いよく噴き出した精液を私の体にぶちまけたのです。

私は茫然《ぼうぜん》となったまま、しばらくは動くこともできませんでした。

ようやく息を落ち着けたらしい田代が「いやぁ、やっぱりスキモノ熟女はたまらんな。なんだかんだ言っといてこうなんだから」とこの期《ご》に及んで私を侮蔑《ぶべつ》する言葉を吐いているのも、もう気にならなくなっていました。

これで終わったんだという安堵《あんど》の気持ちがなによりも強く、とにかく一秒でも早くシャワーを浴びて全身の汚れを洗い流したいという一心でした。

もちろん動画は目の前で消してもらいました。だからといってすべて信用できるわけではありませんが、このうえでまだ何かしてくるようなら、私も腹を据えて徹底的に交戦するつもりでした。

その覚悟が伝わったのでしょう、現在、二人とは完全に縁が切れた状態になってはいます。

ただいちばん心配なことがあります。主人との子作りも始まっていて、まだ結果は出ていないのですが、もしも田代に膣内射精をされたときの子を妊娠していたりしたら……懺悔《ざんげ》のしようもありません。

あれからもうすぐ三週間、自分の愚かさを悔いながら、とにかく心にしまっておけなくて書きました。やはり私は、夫を裏切ってしまったことになるのでしょうか？

退屈な日々の欲望を満たしてくれた元カレと十年ぶりのアナルセックス！

加瀬真奈美　パート主婦　四十七歳

ある地方都市に住んでいるパート主婦です。

誰にも話せない私の体験を聞いてほしくて、ペンをとりました。

結婚願望のない元カレと五年の交際の末に別れ、結婚相談所で紹介された公務員の夫と結婚したのは、私が三十八歳のときでした。

幸いにも翌年には子どもが生まれ、忙しい日々を過ごしていたのですが、子どもに手がかからなくなったころから暇を持て余すようになり、週三日のパートに出るようになりました。

もともと社交性のない性格のためか、心のすき間は埋《う》められず、悶々《もんもん》とした気持ちを解消することはできなかったんです。

夫はとてもまじめな人で、夫婦の会話があまりなかったことも影響していたのかもしれません。

そこでSNSを始めたのですが、程なくして連絡してきたのが元カレの浩一《こういち》でした。

四つ年下の彼はまだ独身で、一度会いたいと何度も誘いをかけてきました。

最初は断っていたのですが、喫茶店で話をするだけだからと言われ、とうとう押しに負け、「昼間の短い時間なら」と了承してしまったんです。

本音を言えば、夫とは正反対の彼との再会に胸がときめいたのは事実です。

おめかしして待ち合わせ場所に赴《おもむ》くと、浩一が昔と変わらない笑顔でたたずんでいました。

「久しぶりだね」

「……うん」

「真奈美《まなみ》、全然変わってないじゃん。いや、昔よりきれいになったかも」

社交辞令だとはわかっていても、ほめられて悪い気はしません。

さっそく喫茶店に入り、近況報告を兼ねた世間話をしていたのですが、いつの間にか恋人時代に戻ったかのように話が弾んでいました。

「いま、幸せなの？」

「ええ、もちろんよ」

「そうか……じゃ、もう俺の出る幕はないかな?」

「え?」

「不幸せだったら、真奈美を奪って逃げちゃおうかなって思ってたんだけど」

「何言ってるの。一人でいるのがいちばんいい、落ち着きたくないって言ってたのはあなたでしょ?」

「あのときはそう思ってたけど、いまでも真奈美のこと好きなんだ」

ストレートな言葉が胸に突き刺さり、心がグラッときました。

夫に物足りなさを感じていたのは、情熱的な愛情を傾けてくれないことが原因なのだとはっきりわかったんです。

気難しくて、冗談も言えない雰囲気に重苦しさを感じていたのだと思います。それでも子どもはかわいいし、浩一の言葉をまともに受け入れることはできず、私は軽く笑って受け流しました。

「相変わらず、口がうまいのね。私と別れたあと、そうやって、何人の女の子をくどいてきたの?」

「いないよ、そんなの。遊びで短期間つきあった女はいるけど、真剣になれることは一度もなかったよ」

「はいはい、わかりました……私そろそろ行かないと」

「なんだよ、もう帰っちゃうの？　会って、まだ一時間もたってないぜ」

「のんびりしてる暇はないの。子どもを迎えにいかなきゃならないし、こう見えても、けっこう忙しいのよ」

そんな予定はなかったのですが、私は用事があるフリを装《よそお》い、席を立ちました。

「わかった。じゃ、車で来てるから、送ってくよ」

「いいわ。電車で帰るから」

「つれないな。車なら、もう少し話ができるじゃないか」

店をあとにすると、浩一は私の手を引っぱり、駐車場に向かいました。

昔から強引なところがあり、そこが魅力でもあったのですが、別の見方をすれば自己中心的ということになります。

やっぱり変わってないなと思いつつも、あからさまに拒絶もできず、誘いに乗ってしまったのが大きな過《あやま》ちでした。

車が国道沿いを軽快に走り抜けるなか、浩一はにこやかな表情で問いかけました。

「いま、住んでるところ、K市だっけ？」

「近場でおろしてくれればいいわ。誰かに見られたら、困るから」

「そうか。いまは人妻で、もう俺の彼女じゃないんだよな……ね、ちょっとだけ、おっぱいさわっていい？」

「だめに決まってるでしょ！」

キッと睨《にら》みつけると、彼はなぜかうれしそうに笑いました。

「昔は、こういうくだらない会話、しょっちゅうしてたよな。覚えてる？」

「ううん、忘れたわ」

「またまたつれない。俺は、お前のことを片時も忘れたことなかったのに」

「そんなわけないでしょ」

「お前の写真をおかずに、数えきれないぐらいオナニーしたんだぜ」

「私の写真、まだ持ってるの!?」

「あたりまえだろ。なんで、捨てなきゃならないんだよ。あっ……ひょっとして、そっちは処分しちゃったの？」

男は過去の交際相手を別ファイルに保存し、女は上書きするという話を聞いたことがありますが、やはり男女では感覚が違うのかもしれません。

「捨てるに決まってるじゃない」

あっけらかんと答えると、浩一は唇をとがらせつつ、手を胸にゆっくり近づけてきました。

「ちょっと……ちゃんと運転して。事故るわよ」

「このまま、二人で天国に行こうか？」

「おあいにくさま。行くなら一人で行ってちょうだい」

「ぎゃっ！」

胸に触れた手を思いきりつねると、浩一は大袈裟な声をあげました。

「ひどくない？　暴力に訴えるなんて」

「変なことするから、いけないいんでしょ」

「ホントに、マジで事故っちゃうからね」

彼は性懲《しょうこ》りもなく、またもや手を伸ばしてきて、私は胸と股間を手でがっちりガードしました。

それでも指先で胸のふくらみをツンツンとつついてくるので、車が停車したところで、降りようかと考えたほどです。

「ちょっと……もういい加減にして」

「仕方ないだろ。お前のことが忘れられないいんだから」

腕の下をかいくぐった手のひらが乳房を引き絞ると、子宮の奥がキュンとひりつきました。

子どもが生まれた直後から夫婦の営みはめっきり減り、ここ二年は完全なセックスレスになっていたんです。

激しくうろたえる一方、私の口数は少なくなり、腰がかすかにくねりはじめました。

実は浩一とは体の相性がとてもよく、なかなか別れる踏ん切りがつかなかったという経緯があったんです。

「あ、乳首、勃《た》ってきたんじゃないか？」

「い、いや」

「ひょっとして、おマ○コも濡れてる？」

「そんなわけないわ……あっ」

胸をまさぐっていた手が下腹部に向かい、これまた手の下にもぐりこみました。

この日の私はスカートではなく、あえてパンツをはいていたのですが、これが仇《あだ》となりました。

節ばった指は股のつけ根にすべりこみ、瞬時にして敏感な箇所に押し当てられてしまったんです。

「うわっ、真奈美のあそこ、パンツ越しでもほっこりしてる」

「クリトリスの位置、ここだよな。ちゃんと覚えてんだから」

「や、やぁ」

指先が軽やかなスライドを繰り返すたびに快感が上昇し、女の芯が熱く疼きだしました。

「く、くうっ」

浩一は私の性感ポイントを知り尽くしており、的確な刺激を与えつづけ、体からすっかり力が抜け落ちてしまったんです。

赤信号で車が停車しても、ドアを開けて、飛び出すことすらできませんでした。

「あ、あ……手、手を抜いて」

「だめだめ、俺のことを思い出させないと」

彼は身を寄せ、今度は逆側の指でお留守になったバストの突端をピンピンと弾きました。

「ん、はぁああっ」

体に火をつけられ、欲情は上昇気流に乗るばかり。浩一も鼻息を荒らげ、自らの股間を見せつけてきました。

「ほら、見てごらん。真奈美が色っぽい声を出すから、こんなになっちゃって」

「……あぁ」

テントの張ったズボンは、牡の昂《たかぶ》りをこれでもかと誇っていました。

「さわってみて」

「いやよっ」

「早くっ」

手首をつかまれ、無理やりふくらみを握らされると、心臓がバクバクと大きな音を立てました。

こんもりした感触を受けたとたん、逞しいペニスが頭にチラつき、私は喉をコクンと鳴らしてしまったんです。

「たださわってるだけでいいのかな?」

浩一はそう言いながら、指先でクリトリスをキュッキュッと押しこんできました。

「ん、ふぅぅっ」

女の情欲を揺り動かされた私は、恥も外聞もかなぐり捨て、男の中心部を手のひらでなで回してしまったんです。

「おっ、おっ、き、気持ちいいよ。結婚してから、さらにテクニックが増したんじゃないか?」

「はあはあ、はあぁっ」

頭に血が昇りすぎて、意識が朦朧《もうろう》としました。

あのときの私は、きっとものすごく物欲しげな顔をしていたのではないかと思います。信号が青に変わり、車が発進すると、ペニスの硬さと大きさを確かめるように握りこんでさえいました。

国道沿いに立ち並んだラブホテルの存在にも気づかず、私は下腹部を襲う心地いい感覚に酔いしれていました。

「だめ、だめ」

うなされるようにつぶやいていると、ハンドルが切られ車がラブホテルの門をくぐり抜けました。

「いいだろ？」

「あ、やっ」

「一度だけ。な、頼むよ」

はっきり拒絶しなければという思いは頭の隅にあったのですが、唇を奪われた瞬間に吹き飛んでしまいました。

「ん、んむふぅ」

情熱的なキスを受けている間、指は相変わらず性感ポイントを責めたて、身も心もとろとろに蕩《とろ》かされてしまったんです。

「ん、んっ!?」

服の上から軽いエクスタシーまで達してしまい、そのあとは部屋まで、どこをどう歩いたのか記憶にありません。

室内に入ったとたんに抱きつかれ、ディープキスで互いの舌を絡ませると、全身の血が熱く滾《たぎ》り、内から溢れ出す衝動を止めることはできませんでした。

自分でも信じられなかったのですが、私は浩一をベッドに押し倒すと、ズボンと下着を脱がせ、ペニスを剝き出しにさせたんです。

逞しいペニスが目の前に現れると、なつかしい匂いが鼻をかすめ、理性やモラルが完全に消し飛びました。

「んっ、ふっ、んっ、ふぅぅん」

私は鼻を鳴らし、四つん這いの体勢から無我夢中でおチ○チンを舐め回していました。

「お、おおっ……す、すごいよ。こんなフェラ、つきあってるときでもなかったんじゃないか?」

彼の言葉が耳に入らず、ペニスを左右の頰にこすりつけ、たっぷりの唾液をなすりつけて頰張りました。

グッポグッポとはしたない音を立てた淫らな口戯は、いま思い出しても恥ずかしいです。浩一はよほど気持ちいいのか、腰をくねらせ、熱い吐息を絶え間なく放っていました。

「む、むおっ、そんなに激しくしたら……すぐにイッちゃうよ」

「はあはあっ」

もちろん口で射精させるつもりはなく、私はペニスを吐き出すと、自らパンツとショーツを脱ぎ捨てました。

セーターを脱ぐ余裕すらなく、いきり勃つペニスで一刻も早く疼くあそこを慰《なぐさ》めたかったんです。

「お、おい……まさか、もう入れちゃう気か?」

浅黒い腰を跨《また》ろうとした寸前、彼の手が股ぐらにもぐりこみました。

「……あ」

攻守交代とばかりに、指でものすごいスライドを始め、私は膝立ちの体勢からよがり声を出してしまいました。

「あ、あぁ、だめっ、だめっ」

「勝手なマネはさせないからな。いつも俺がリードしてたの、忘れたのか？」

「ん、んっ、く、ふぅっ」

「ふふっ、こりゃ、すごい。愛液がどんどん溢れてくる。ほら、見てみろ」

自身の下腹部を見おろすと、大量の粘液がボタボタと滴《したた》り、白いシーツに大きなシミを作っていました。

あそこは早くもぬめり返り、内腿のほうまで垂れ滴っていたんです。

「人妻になってから、感度がよくなったんじゃないか？」

「あ、あ、あ……いや、イッちゃう、イッちゃう」

「いいよ、イッても。真奈美のイクときのスケベ顔、久しぶりに見たいからな」

「あ、ん、くぅうっ」

言葉でなじられた瞬間、快感が背筋を駆け抜け、私はあっけなく性の頂《いただき》に昇りつめました。

久しぶりに味わう快楽に意識を失い、ベッドに崩れ落ちると、浩一は身を起こし、足元に絡みついたズボンと下着を脱ぎ捨て、シャツを頭から剝ぎ取りました。

私もセーターを脱がされ、ブラジャーをはずされたのですが、揺り椅子でまどろんでいるかのような感覚に延々とひたっていました。

「……あ」

ようやく我に返ると、浩一はすでに股の間に顔を埋《うず》め、舌で恥部を舐め回している最中でした。

「ん、ひっ」

「お前の性感帯は、いまだに覚えてるからな」

「あ、ふうっ！」

右手の中指と人差し指が膣に差し入れられ、膣の上をこすりたてられると、再び快感の高波が打ち寄せました。さらにはもう一方の手で、クリトリスをさわさわとなでさすってきたんです。

「あ、あああっ」

ヒップがベッドから浮き上がり、頭の中を虹色の光が駆け抜けました。

浩一との交際時、この二点責めは最高の快感を与えたプレイの一つで、私はまさに悶絶という表現がぴったりの乱れた姿を見せつけました。

「いや、いやぁぁっ」

「ん？　どうした。これが、感じるんだろ？」

「やっ、やっ、だめ、だめなのぉ」

「何がだめなんだ。ははん、そうか……ここよりも、もっとしてほしいところがあるんだな」

「ひっ！」

お尻の穴に違和感を覚えた瞬間、私は思わず身をよじりました。

かつて浩一からアナルの快感を一から教えこまれ、膣よりも感じる性感帯になっていたんです。

「や、やめて」

「何言ってんだ。ここがいちばん気持ちよかったはずだよな？　ひょっとして、旦那さんからされてないのか？」

まじめ一徹の夫が、アナルセックスなど求めてくるはずがありません。

「……しないわ」

「そうか」

浩一は勝ち誇った笑みを浮かべ、指先をグイグイ押しこんできました。

「む、無理よ。全然してないんだから」

「大丈夫だって、後ろの穴も愛液まみれだし、ゆっくりほぐしてやるよ。ほら、もう少し力を抜いてみろって」

「あ、んっ！」

中指が腸内に埋めこまれ、くるくるとかき回されると、すっかり忘れていた感覚がよみがえり、私はいつしか甘ったるい声を洩らしていました。

括約筋がほぐれたところで薬指を差しこまれ、私は体をくの字に折り曲げたままの体勢から彼の太い指をアナルで受けとめたんです。

「んっ、んっ！」

「だいぶ広がってきたぞ。気持ちいいのか？」

「あっ、はぁあぁっ、いい、いいわ」

「アナルセックスでイキまくったの、昨日のことのように思い出すよ。俺のチ○コもビンビンだぜ」

ペニスは股間から隆々と反り勃ち、先端の切れ目からは先走りの汁がヌルヌルと滴っていました。

疼く後ろの穴を、逞しいペニスで貫いてほしい。恐怖心は少しもなく、ヒップを揺すっておねだりすると、浩一は満足げな笑みを返しました。

「ほしいのか？　おねだりの仕方も、昔とちっとも変わらないじゃないか」

「あぁ……やぁん」

「ふふっ、お望みどおり、アナルにぶちこんでやるよ。四つん這いになれ」

言われるがまま、うつぶせの状態からヒップを突き出すと、両手で腰を抱えこまれ、ペニスの切っ先が禁断のすぼみにあてがわれました。

「さあ、入れるぞ」

「あ、あ、くっ……」

アナルセックスは、およそ十年ぶりでしょうか。

やはり括約筋が収縮しているのか、強烈な圧迫感に息が詰まりました。

「い、痛いわ」

「久しぶりだから、緊張してるんだ。もっと力を抜いて」

「あんっ！」

ヒップを手のひらでバチンと叩かれて脱力したとたん、肉のかたまりが肛門をかき分け入ってきました。

「……ひっ！」

かすかな痛みを感じたのは最初だけで、カリ首が入り口を通過すると、凄まじい快感が全身を貫きました。

「ほうら、全部入ったぞ」

「ん、ん、んぅ」

「真奈美の尻は、俺のチ○ポを忘れていなかったというわけだな……ん、なんだよ。入れただけで、もうイッちゃったのか？」

彼の言うとおり、私はあっけなくエクスタシーに達し、ヒップをビクビクふるわせていました。

「それにしても、締めつけは相変わらずキツいし、中も溶鉱炉のように熱い。チ○ポが火傷《やけど》しそうだよ」

あとで聞いた話によると、ほかの女性は誰もアナルセックスを受け入れてくれなかったそうで、私のことを忘れられなかったそうです。そんなこととは露知らず、久方ぶりに味わうアナルの快感にうっとりするばかりでした。

「最初は、ゆっくり動くからな」

「はぁあぁん」

腰のスライドが開始され、ペニスの抜き差しが繰り返されると、甘美な刺激がさざ波のように打ち寄せました。

ペニスは突くときよりも抜くときのほうが、とてつもない快感なんです。

ピストンが繰り返されるたびに快感が上昇していき、私は捨てられた子犬のような甘え泣きを延々と繰り返していました。

「あん、あん、あん、あんっ」

「おいおい、すごいぞ。シーツを見ろよ」

膣から大量の愛液が滴っていたのは、はっきり自覚していました。

とろみの強い粘液は小水のように垂れ落ち、シーツは目を見張るほどの巨大なシミを作っていたんです。

「真奈美は、ホントにアナルが好きなんだな。スケベさも、全然変わらんし。こっちも、たっぷり楽しませてもらうぞ」

「あ、はあぁあっ」

彼の腰のスライドが速度を増し、恥骨がヒップを打ちつける音が高らかに鳴り響きました。

「あ、あ、だめ、またイキそう」

「いいぞ、何度でもイカせてやるよ。尻の穴なら、いくら出しても安心だろう？」

「く、はあぁあっ！」

激しいピストンがトップスピードに跳ね上がり、私は絶頂への階段をすぐに駆けのぼりました。そして自分でも信じられないくらい、悦びの声を張りあげたんです。

「ああっ！　イクっ、イッちゃう！　イッちゃうっ!!」

その後、アナルセックスで何度イカされたのか、記憶は定かではありません。

こうして不貞行為に手を染めてしまったわけですが、熟れた肉体に火をつけられ、もはや浩一を忘れることはできそうにありませんでした。

彼が連絡してきた時点で、有無を言わさずブロックしておけば……。

いまはもう何を言っても、すべてが言いわけだとはわかっています。

それからというもの、ふだんは貞淑な妻を演じながら、浩一からの呼び出しがあると、いそいそと出かけてしまうんです。

親友の不倫に触発され初めての浮気
若い極太ペニスが熟れた女穴を貫いて

斎田慶子　会社員　四十三歳

結婚して二十年近く、一人娘も手がかからなくなったこともあり、出産まで正社員として在籍していた保険会社に、一年前から事務職の契約社員として復帰して働いています。事務職といっても、仕事内容はお客様からのクレーム処理だったり、女性営業職からの相談にアドバイスするといったものが大部分です。

会社から便利に使われている感じはあるものの、特に経験の浅い若い社員から頼りにされていることもあり、それなりの充実感は味わっています。

夫は夫で仕事に忙しくて相手にしてくれず、高校生の娘も部活動に熱中していて、家に帰っても、お腹が減った、疲れたから寝る、くらいしか口にしません。だったら、こうして働いていたほうが楽しいとさえ思えるのです。

主婦とは名ばかりで、それぞれの生活サイクルの違いから三者三様の暮らしですが、私はむしろ気楽でした。なにより、同じ会社で独身時代に働いていたときの気分に戻って、若返った気さえするのです。

そんな日々を送っていた、つい先週のことです。

その日も、若い社員から相談を持ちかけられて、仕事帰りにターミナル駅の喫茶店で、あれこれ話し込んでいました。ふと時計を見ると、すでに夜の九時近くになっていたので、私たちは立ち上がり出口の脇のレジで会計をすませました。

そのとき、私は喫茶店のガラス扉の前を通りかかったカップルに、目を留めました。いま通りかかったカップルの女性のほうはもしかしたら?

すぐに喫茶店を出て社員と別れた私は、カップルの後を追いました。

一瞬だったのではっきりとはわかりませんでしたが、女性の横顔は大学時代からの親友の実穂《みほ》に見えたのです。連れの男性の顔はよく見えなかったのですが、実穂とはしばらく会っていなかったし、せっかくだから挨拶くらいはしておこうかと、とっさに思ったのです。

私と実穂は、大学の同じテニスサークルで知り合いました。いまでもメールや電話でなにかと連絡を取り合い、半年に一度は二人で会ってお酒を飲んだり、たまに女同士で小旅行などに出かけている仲です。ちなみに、彼女の夫も同じサークルの先輩でよく知っていましたから、あまり深く考えずにそんな行動をとったのでした。

けれど、繁華街の人混みの中を歩く二人に追いつき、背後に近づいた私は、そのときになって躊躇《ちゅうちょ》してしまいました。女性にしては背が高く、ボーイッシュなショートカットの後ろ姿は実穂にまちがいありません。しかし、明らかにホロ酔い気味の足取りの彼女が腕をからめている相手は、私の知らない男性だったからです。

そのスーツの男性は三十を少し越えたくらいでしょうか、私や実穂より年下に見えました。

私は迷いましたが、彼女たちに気づかれないよう少し距離を置いて、後をついていきました。

まさかと思いましたが、実穂たちが向かっている先には、ラブホテルが数軒あることを、職場が近い私は知っています。すると、いきなり実穂が腕を組んだまま、肩越しにちらりとこちらを見たような気がしたのです。夜の暗さの中ですから、はっきりとした表情まではわかりませんでしたが、立ち止まった私はあわてて背を向け、早足で駅に引き返したのでした。

実穂とあの男の人は、やっぱり、そういう関係なのでしょうか？　だったら、不倫ということになります。

その晩は、目を閉じても実穂といっしょにいた男性の姿がまぶたの裏にチラついて、なかなか眠れませんでした。私は何度も寝返りを打ち、ため息をつきました。このときの私は欲求不満から、親友の行為に自分自身を重ねていたのかもしれません。

その実穂から携帯に電話があったのは、モヤモヤした気持ちを抱えながら、会社に出た翌日のお昼休みのことです。

最初はいつもどおり世間話や家族の近況などを笑いながら話し合っていましたが、それも一段落したところで、実穂のほうから昨夜の話を切り出してきました。

「ねぇ、ところで慶子《けいこ》さぁ、昨日の夜九時くらいに〇〇駅の近くにいたでしょ？」

「うん、だって会社の最寄り駅だしね」

返事をしながら、心臓がドキドキと響きます。

「じゃあ、私たちのこと、見ちゃったよね？」

実穂は携帯の向こうでまったく悪びれず笑いました。彼女は私とは正反対に、学生時代からサバサバとした性格で、だからこそウマが合うのです。

そして、いつもどおりのあっけらかんとした彼女の物言いに気が軽くなった私は、つい正直に答えてしまいました。

「うん、でも心配しないで、誰にも言ったりしないから」

「それより今夜空いてる？　いろいろと電話じゃ言えない話もしたいし」

長年の親友ということに加えて、彼女が不倫をした経緯に強い好奇心を抱いた私は、誘いを断る気などありませんでした。


仕事を早く切り上げて、あえて通勤に使う駅から離れた居酒屋で実穂と待ち合わせました。先に来ていた実穂は、私を見るなり、学生時代と変わらない笑顔で手招きします。てっきり、不倫に悩んでの相談でもしたいのかな、と思っていた私は、親友の明るい表情にいささか拍子抜けしました。

いざ話を始めると、釈明するどころか、実穂は昨日の男性が不倫相手だとあっさり認め、むしろ自分の行為を誇らしげに話しはじめたのです。

「最近、旦那がかまってくれないから、またテニススクールに通いはじめて、そこでナンパされちゃったのよね。彼、年下だけど、私も女として、まだまだ捨てたものじゃないでしょ？」

「うん。実穂はスタイルいいから、若く見えるしね」

「何言ってるのよ、若く見えるのは慶子のほうじゃない。高校生の娘がいるようには、は、とても思えないもの。ところで、旦那さんとは上手くいってるの？　特に夜のほうは？」

最後のひと言は、さすがに声をひそめた実穂に、私は苦笑を返しました。

「全然よ。ここ数年、家庭内別居って感じ」

「そんなの、もったいないって。その気になればいくらだって相手はいるわ」

「ちょっと、何言ってるのよ、実穂」

話が妙な方向に行きそうで、困惑する私に、実穂は思いがけないことを言い出しました。

「実はこのあと、昨夜のカレシと待ち合わせしてるの」

「え？」

「旦那が出張で明後日まで留守だから、その間にまとめて楽しもうと思って」

実穂は、鼻の脇にしわを寄せて笑います。

けれど、私のほうは笑ってもいられません。

「それじゃ、私とはこれでバイバイってこと？　それはいくらなんでも……」

「大丈夫。カレシの会社の後輩にも、ここへ来るよう言ってあるから」

「それって、どういうこと？」

「適当に相手をして、気に入らなければお酒だけおごらせて帰っちゃえばいいのよ。気が乗らないなら、いま帰ってもいいけど」

考えてみれば、実穂と私は昔からこんな関係でした。大胆で積極的な彼女が、引っ込み思案な私を引っぱっていくのです。

ふだんの私なら席を立っているところですが、そんな気分にはなれませんでした。彼女の顔を潰すことにもなりますし、中途半端なお酒の酔いもあります。なにより、自由奔放に性を楽しんでいる親友の影響で、欲求不満が刺激されたということもあるでしょう。

それでも私には、迷いがありました。私も実穂みたいに、自分に正直になれたらいいのに……。

「つきあいが長いから、慶子の好みのタイプはわかってるわよ」

立ち上がった実穂は、最後に一言つけ加えて笑ったのでした。

そんな彼女とほとんど入れ違いで入ってきたスーツの若いサラリーマンが、彼女の言っていた男性だとすぐわかりました。背が高くがっしりとした男らしい見かけながらも、どことなく甘えん坊のような雰囲気が、大学生のときに私のほうが一方的に熱を上げてつきあっていた相手と似ているのです。

目が合った瞬間、向こうも少し驚いたような表情を浮かべましたが、すぐに笑顔を作ると私のテーブルにやってきて、実穂から呼び出された松尾《まつお》だと名乗りました。

「こんなおばちゃんで驚いた？」

「いえ、聞いていた年齢よりもずっと若く見えたからで。それに、想像していたよりもずっとカワイイ感じだったので、てっきり別人なのかなって」

松尾君は、赤面して頭をかきました。

最初こそ互いにぎこちなかったものの、お酒が進むにつれてうち解けた会話から、彼が私より一回り下の年齢だと知りました。そして、同じ会社で仲のよい先輩社員、つまり実穂の不倫相手をうらやましく思っていて、誰か自分にも紹介してほしいと頼み込んでいたのだと聞かされたのです。

「あ、あの、一方的な話だし、斎田《さいだ》さんにも旦那さんはいるわけで、飲み友だちみたいな感じでよかったのですが。大学出て就職してからずっと女性には縁がなくて、そんなときに相談できるような関係というか」

ときどき、言葉につかえながらそんなことを話す松尾君が、昔のカレシのイメージと重なります。

「私はそれでもいいけど、ちょっと引っかかる言い方ね。それじゃ、まるで私に女としての魅力がないみたいじゃない？　私が、ずっと年上だから？」

「い、いえ、けっしてそんな意味じゃないっす」

「じゃあ、どんな意味かしら？」

私は、猫が捕らえたネズミをもてあそぶような気分になっていました。同時に、この松尾君なら私に都合のよい存在になってくれそうだと予感したのです。

松尾君はうつむき、照れ臭そうに言いました。

「あの、年齢はともかく、斎田さんってほんとうにかわいくてきれいな女の人だったから、ぼくなんか相手にしてくれないんじゃないかって」

「男だったら、自分に自信を持ちなさい」

言いながら私は、テーブルの下で手を伸ばし、彼の太ももにそっと触れたのです。実を言えば、酔っているとはいえ、大胆な言動に自分自身で驚きましたが、これもきっと実穂に影響されたからなのでしょう。

別にかまわないわよね、実穂だってやってることだもの、と心の中で言いわけをつぶやくと、もう気持ちは、目の前の松尾君とどう楽しもうかということしか考えられなくなっていました。

どうしてよいのかわからないふうの松尾君を引っぱるようにして、入ったラブホテルでも、彼はオドオドした様子でした。

一方の私も、考えてみれば初めての浮気です。それでもここは、年上の私がリードすべきだろうと思いました。

「ねえ、松尾君、とりあえずいっしょにシャワーを浴びようよ」

「は、はい」

バスルームの隣の脱衣スペースで、互いをチラチラと観察しながら服を脱ぎはじめたのですが、ブラジャーに手をかけた私は、思わずその動きを止めました。

ボクサーパンツを脱いだ松尾君のアレは、半分くらい勃《た》ち上がった状態でしたが、それでも私がこれまでに見たことのないような大物だったのです。それも、ただ大きいだけではなく、頭の部分が逞しく張り出し、全体がゴツゴツとしていて、少し怖さえ感じさせるモノでした。

（これで、完全に勃起したらどうなっちゃうのかしら）

まじまじと見つめる私の視線に気づい松尾君は、困ったように言いました。

「大きすぎるんですよ、ぼく。だから、彼女ができても上手くできなくて。それで、いままで経験したことがあるのは風俗の女の人ばかりです。それでも断られることもありましたが」

「確かに、すごいわね……」

「ですから、こっちも、あまり女性に積極的になれなくなっちゃって。何なら斎田さんも、手と口だけでもかまいませんけど」

けれど、私は手と口だけですます気など毛頭ありませんでした。

好みのタイプの男性への同情心はもちろんのこと、若いころに抱いていたような、セックスに対する純粋な好奇心がムラムラ蘇《よみがえ》ったのです。それに、出産経験もあるいまの私なら、なんとかなりそうだと思いました。

「とにかくシャワー浴びてから、試してみましょうよ」

私は、全裸になった彼の背中を押しました。

バスルームで向かい合うと私は松尾君の前にひざまずき、彼のモノを軽く両手で握りさすりはじめます。私の手の中で、彼のモノはみるみる硬くなって鎌首をもたげました。

その様子が興味深く、私は息がかかるほど近くまで顔を寄せて見つめました。

「すごいわねぇ、確かにこれじゃ経験の浅いコだと怖がっちゃうかもしれないわね」

私は、先端からにじみ出た透明な粘液に指先で触れ、糸を引かせました。

「斎田さんは、どうでしょうか？」

「正直に言って期待半分、心配半分ってところかしら」

興奮で頬が紅潮しているのが自分でもわかります。心臓もドキドキと脈打っていました。なにより、私のあの部分が、じわりと濡れはじめています。

ごくりと唾を飲み込んだ私は、思いきって両手にあまりそうなモノの頭の部分を頬張りました。文字どおり口の中いっぱいになった肉のかたまりでまともに息もできず、私は目を白黒させます。

「ううっ、斎田さん」

松尾君は、私の肩をつかんで身をよじりました。

しかし、私は彼のモノに舌を使う余裕もなく、すぐに口を離して大きく息を吸い込みました。

「ごめんなさい、これで精いっぱいだわ」

せめてもの口での愛撫の続きとして、私は彼のモノの先端といわず幹の部分といわず、あちらこちらにキスをしたり、舌先で裏側を舐め上げたりしました。

松尾君は素直に快感を言葉にしましたが、私のほうが限界でした。この調子では、口で最後まで満足させるには時間がかかりそうですし、伸ばした舌がつってしまうでしょう。

立ち上がった私は、彼のモノを握ったまま背伸びをしてキスをすると、ベッドルームを目で示しました。松尾君もそれで意図を察して、うなずいたのです。

ベッドに上がるなり、松尾君は私の胸にむしゃぶりつきました。

「あん」

天性のものか風俗の女のコに教えられたのか、想像していたよりも巧みな舌づかいに、鼻にかかった声が自然に洩れました。

「斎田さんって、ほんとうに若いですね。胸の柔らかさもちょうどいい感じだし、乳首もピンクですごくきれいですよ」

ささやきながらも彼は、舌先を耳元や腋、そして背筋へと移動させます。その動きは、まるで何かの生き物が、私の快感を生み出す場所を探しているようでした。

その間も、彼の指先は自由に私の体中を這い回ります。

私も彼の立派すぎるモノをずっと握りしめ、さすりつづけていました。

「すごく、じょうずだわ。ほんとうに、久しぶりなの？」

「入れさせてもらえないこともあるから、せめて指や舌で女の人を楽しませようと、いつも思っていたんです」

そう言った彼の指先は、やっと私のあの部分に触れました。

私の体は、ビクンと震えます。

「ううっ」

「すごく濡れていますよ、斎田さん」

愛撫もさることながら、実のところ、松尾君の規格外のモノを見たときから、私のあの部分は熱くうるおいはじめていたのでした。視覚こそが、忘れかけていた私の女の部分をいちばん刺激していたようです。

そのころになると私は、我慢できなくなっていました。

「そろそろ、入れてみる？」

「そうですね。でも、上手くできるかなぁ」

「できるわよ、きっと」

このまま中途半端な状態で帰っては、私が治まりそうもありません。

「斎田さん」

私ににじり寄り上になろうとした松尾君を制して、私は告げました。

「私が上になるから、松尾君はあおむけになって。松尾君って前戯はじょうずだったけど、本番のエッチはそれほど経験がないんでしょ？　私も最近はしてないけど、年上だしリードしてあげる」

「はい、それじゃあ、お願いします」

松尾君は、素直に従いました。

あおむけになった彼のモノをあらためて見ると、こんなものが私の中に入ってくるのかと動悸《どうき》が速まりました。

私は震える指先でその巨大な肉の塔に跨《また》がり、先端を濡れそぼった粘膜の入り口にあてがうと、そのままほんの少しだけ腰をおろします。それだけで、十分すぎるくらいにうるおっているはずのあの部分が、無理やりに広がるのがわかりました。

目を閉じ眉根を寄せた私は、一度動きを止めると、大きく息を吸い込んでから、思いきって腰を沈めました。

「ああーっ！　壊れるぅ！」

熱くて硬い巨大な肉の柱が、私を貫きます。

私の口から、自分でも思っていなかった絶叫が溢れ出ました。

二十歳で処女を喪《うしな》ったときとはまた違った疼痛《とうつう》と、これまで味わったことのない強烈な満足感が混ざった不思議な快感でした。

「い、痛くないですか？」

心配そうな松尾君の声に、目を閉じたままの私は、首を左右に振ります。

「大丈夫、心配しなくても大丈夫だからぁ！」

松尾君でいっぱいになっているあの部分だけではなく、体全体がこのまま壊れてもいい、そんなことを頭の片隅でふと思いながら、私は恐るおそる腰を二度、三度と上下させました。

と、そのときです。松尾君が、せっぱ詰まったうめきを洩らしました。

「イッちゃいます、もう！」

「え？」

動きを止めた私の中で、彼のモノが大きさに見合った激しい動きで脈打ちました。同時に放たれた白い粘液が、私のあの部分から溢れ出ます。

「あまりにも斎田さんの中が気持ちよすぎて、我慢できなくなってしまって」

「久しぶりだもの、早くても仕方ないわ」

私は荒い息の中、途切れとぎれにささやきました。

自分も数年ぶりだということを棚に上げて、私は松尾君とつながったまま彼の上に体重を預けました。

これでも、十分に満足でした。ところが、終わりではなかったのです。

今度は、下になったまま松尾君が腰を突き上げはじめました。

「ま、松尾君？」

「まだ、できそうです」

松尾君のモノは、硬度を失っていません。しかも、今度は彼の放った粘液が潤滑剤の役割を果たしたおかげで、スムーズに動けたうえに長持ちもしました。

「あーっ！　すごい！」

グチャッ、グチャッという音と、私の絶叫が重なります。

やがて松尾君のモノと融合したような錯覚の中、頭の中は真っ白になり、絶頂に達した私は大きく体を痙攣させたのでした。

翌日、実穂からまた仕事の昼休みに電話がありました。

「結局、松尾君とヤッちゃったんだってね」

「うん、まあね」

おそらく、松尾君が実穂の不倫相手に話したのでしょう。

「カレシから聞いたんだけど、松尾君ってアソコがすごい大きいらしいじゃない？」

「まあ、普通よりは、大きかったかな」

「ふ～ん、今度、私もいまのカレに内緒で味見しちゃおうかな。それとも、カップル同士で四人でしちゃうってのはどう？」

笑う実穂に、私はあわてて返しました。

「ちょっと待って、もう少し、私が楽しんでからにしてよ」

彼のモノを思い出した私のあの部分が、ジンジンと疼きはじめました。おそらく、もう濡れているはずです。

松尾君に連絡して、早くまた会わなきゃ、そう思っている私は、このまま彼と深みにはまっていきそうな予感がしています。

離婚したかつての娘婿との情交で念願の生挿入をおねだりする熟妻

杉田友里子　主婦　五十二歳

私はとても罪深いことをしてしまいました。

娘の元夫、かつての娘婿と関係を持ってしまったのです。

娘の恵美《えみ》は三年ほど結婚生活を送っていましたが、半年前に離婚してしまいました。理由は仕事が忙しく夫婦二人の時間をつくれなかったこと、そしてお互いの価値観の違いという、ごくありきたりなものです。

娘のお相手だった男性が、某家電メーカーに勤めていた敦司《あつし》さんです。

彼と出会ったのが、娘に紹介された四年前。娘と同い年で二十四歳と若く、とてもはつらつとした凛々《りり》しい青年でした。

実は私はそのころから、ひそかに彼に恋心を抱いていたのです。

当時の私は夫との関係もギクシャクし、いろいろと悩みも抱えていました。

夫はもともと亭主関白で身勝手な人です。年々私のことはかまわなくなり、最近はろくに顔を合わせようともしません。

夫婦での会話もないため、私は一人で塞《ふさ》ぎ込み、相談できる相手もいませんでした。

そんな私にも敦司さんは、優しく接してくれました。もちろん私が義理の母親ということもあるのでしょうが、誕生日には贈り物をしてくれたり、とてもこまやかな心づかいをしてくれたのです。

それに結婚後もたびたび私の家に顔を出し、話し相手にもなってくれました。

彼と話をしていると気分も晴れ、とても楽しい気持ちになれるのです。他愛もないおしゃべりが、どれだけ私の心を癒してくれたことか。

彼のような男性が私の夫なら、どんなによかったことか……何度そう思ったかわかりません。また来てくれるだろうかと、会いたくてソワソワする毎日でした。

いつしか私は彼のことを、頼りになる娘婿から、一人の男性として愛するようになっていました。

しかし私は義理の母親です。そんな思いを打ち明けるわけにはいきません。

彼への恋心と、義母としての立場の板挟みになり、私はますます思い悩みました。

加えて私を悩ませつづけたのが、セックスへの欲望です。

もう五十路になっていたとはいえ、私の体は女盛りのままでした。彼に抱かれたい欲求は日に日に高まり、恥ずかしながら一人で慰《なぐさ》めることもありました。

そんな折に娘の離婚話が飛び込んできたのです。

正直に言いますと、私は娘の心配をするよりも、彼と会えなくなることにショックを受けていました。娘と離婚してしまえば、私たちは赤の他人になってしまいます。

しばらく私は抜け殻のような日々を送っていましたが、ある日偶然にも彼と街中で出会ってしまったのです。

「あれっ、お義母《かあ》さんじゃないですか」

「やだ、敦司さん？」

もう娘とは離婚したというのに、彼は私のことをそう呼び止めたのです。

私が飛び上がらんばかりにうれしかったのは言うまでもありません。もう二度と会えないと思っていたので、何か運命のようなものを感じてしまいました。

しばらく立ち話をしたあと、彼は食事に誘ってくれました。

近くにあったレストランに入り、久しぶりに二人での食事です。話題は尽きず、とても楽しい時間を過ごしました。

しかし、いつまでもそうしているわけにはいきません。日も暮れてきて、お別れの時間が迫ってきました。

お店を出ると、このまま別れるのが名残惜《なごり》しく思い、できるならもう一度別の機会に会ってほしいと、心の中でそう願いました。

そのときでした。突然、彼が私の手を握ってきたのです。

「えっ……！」

思わず声を出してしまうほど驚きました。まさか彼からこんなアプローチをしてくるとは、夢にも思わなかったのです。

彼は真剣な表情です。それを見ただけで、何を考えているのかもわかりました。

「このまま、別の場所へ行きませんか」

「ええ……」

そう返事をすると、二人で向かった先はもちろんホテルです。

まさか再会したその日に、彼とこんな場所に来てしまうなんて、想像もしていませんでした。部屋に入るまで心臓がドキドキと高鳴り、とても緊張しました。

私たちが入った部屋には、大きなベッドが真ん中に置かれていました。

いまからここで彼に抱かれる。そう思うと体が熱くなり、居ても立ってもいられなくなりました。

「先にシャワーを浴びてきますから。お義母さんは待っていてください」

彼がバスルームへ向かおうとするのを、私は腕をつかんで引き止めると、こう言いました。

「このまま……抱いてください」

いきなりそんなお願いをされ、彼もとまどったと思います。

しかしすぐに私を抱き締めて、キスをしてくれました。

「ンンッ……」

主人ともしたことがないような、ねっとりと熱いキスでした。舌と舌が絡み合ってお互いむさぼるような激しさです。

長いキスが終わって顔が離れると、私の体はすっかりとろけてしまっていました。

「お義母さんって、こんなに情熱的だったんですね。知りませんでしたよ」

彼の意外そうな声を聞くと、自分の淫らな本性を見られてしまったようで、とても恥ずかしく思いました。

「ごめんなさい。つい夢中になってしまって……」

「いいんですよ。ぼくもお義母さんと、ずっとこうしたかったんですから」

それを聞いて、私は天にも昇る心地でした。まさか彼も私のことを思っていてくれたなんて信じられません。

だとしたらもうためらう必要もありません。娘や夫のことを思うと、さすがに罪悪感や葛藤《かっとう》もありますが、今日だけはそれも忘れてしまうつもりでした。

「私のことは、元の義理の母親じゃなく一人の女だと思ってください」

あえてそう言ったのは、自分自身が吹っ切るためです。

すると彼もわかってくれたようでした。すぐさま私の腰を背後から抱きながら、首筋に舌を這わせてくれました。

「ああ……」

くすぐったいような、体が切なくなるような舌の動きです。

彼の手が、服の上から胸をまさぐりはじめました。もみしだく手つきも優しく、それでいていやらしさも感じます。

「ずっと我慢してきたんですよ。こんなに色っぽい体をして、ぼくに近づいてくるんですから。何度手を出してしまおうと思ったことか」

意外でした。けっして彼のことを誘惑していたつもりはなかったのに、そんな目で見られていたなんて。

自分で言うのもなんですが、五十代になってもスタイルは昔のままです。細身ですが胸はそこそこあり、よく娘とも体型が似ていると言われます。

それにしたって二十代の娘の体とは比較にならないはずなのに、そんなに私の体に魅力があったのでしょうか。

「あっ、はぁっ……」

やがて彼が私の服を脱がせながら、直接手のひらで肌をさわってきました。

肌を軽く触れられているだけで、私は喘いでしまいました。けっして大げさに感じているわけではなく、それほど興奮し、体が敏感になっていたのです。

下着にも手をかけられ、とうとう最後の一枚になってしまいました。

「あれっ⁉」

彼がそう声を出したのは、私のショーツを見てからです。

実は彼に抱き締められ、キスをされたときに、あそこから熱いものが溢れ出ていました。それがシミになるほどショーツを濡らしていたようです。

「やだ、見ないでください。恥ずかしいですから」

「すごい濡れっぷりですね。こんなに広がってる」

私が隠そうとしても彼は目を離すどころか、体の正面に屈み込んできました。

しかもわざわざショーツの股間部分に顔を近づけてくるのです。

匂いまで洩れてるかもしれないと思うと、たまらなく恥ずかしくなりました。それなのにあそこが疼いて、また濡れてきそうなのです。

「あぁっ……！」

彼の指がショーツの脇から侵入してきました。

そのままあそこの奥に、にゅるりと入ってきます。濡れているので痛みもなくスムーズでした。

「うわっ、熱くてすごくぬるぬるしてる。こりゃすごい」

彼は指を抜き差しさせながら、うれしそうに言っていました。きっと私のあそこの中身が思っていた以上の具合だったのでしょう。

「あんっ、ああっ、はぁっ……」

今度は本気の喘ぎ声でした。私は彼の指であそこを責められ、たちまち大きな快感に呑み込まれてしまったのです。

とりわけ指先でグリグリと子宮の近くをまさぐられると、それだけで足がふるえてしまいそうでした。

「ここですか？　もっと奥かな？」

彼も私が感じるポイントがわかったようです。何度も同じ場所を突いては、私の反応を確かめていました。

そうしてじっくりあそこをかき回してから、ようやく指を抜いてくれました。快感にひたっていた私は、途中で指を抜かれてもどかしい気分でした。もっとしてほしくて体が疼いたままだったのです。

「見てくださいよ。ほら、こんなに」

彼の指はべっとりと濡れていました。どれだけ私が淫らな体をしているか、見せつけられているようでした。

「もう。あんまり意地悪をしないで」

「お義母さんだって、あんなにいやらしい声を出していたじゃないですか。指を動かしている間も、自分から腰を動かしてましたよ」

わざわざそんなことまで教えてくれるのです。彼も相当、意地悪な性格に違いありません。

指だけでなく、私がはいていたショーツも気持ち悪いほど濡れていました。それを彼は下に引っぱって脱がせます。

このとき私は、思わず目を閉じてしまいました。彼に恥ずかしい場所を見られてしまったこと、それと体の奥がジュンッと熱くなったからです。

男性の視線がこんなに刺激になるとは、これまでまったく知りませんでした。

「……あの、あまり顔を近づけないでください」

それ以上近づくと、あそこの匂いを嗅がれてしまう。そう思って彼に言いました。

しかし彼は顔を離すどころか、あそこに顔を埋《うず》めて舐めはじめたのです。

「んっ！　ああんっ……！」

夫はあそこを舐めてくれたことなど一度もありません。長年連れ添った夫でもそうなのに、彼がそんなことをしてくれるのが信じられませんでした。

舌が這うたびに、とろけそうな快感が広がってきます。初めて味わう舌の感触は、少しくすぐったくもありましたが、とても気持ちいいものでした。

クンニにたっぷり時間をかけてもらい、私はもう体がほてってってしょうがありません。早くあなたのペニスに貫かれたい。そう言いたいのに、こういうときだけ理性が邪魔をして言えませんでした。

ようやく彼の顔が股間から離れたときには、私の体の力も抜けてベッドに横たわっていました。

彼は立ち上がって服を脱いでいます。急いで裸になると、私に股間を突きつけてきました。

「お義母さん、ほら、見てください」

目の前にある逞しいペニスを、私は息を呑んで見つめました。

男性のものを目にするのは、夫以外では初めてです。夫よりも一回りは大きいそれは、立派にそそり立っていました。

彼が何を求めているのか私にもわかります。あそこに口をつけて舐めてくれたように、私にも口での愛撫をしてもらいたいのでしょう。

少しだけ迷いましたが、私は勇気を出してペニスの先に口づけをしました。

フェラチオなんて、夫にしてあげたのは数えるほどしかありません。それだけにテクニックには自信がなく、彼に悦んでもらえるか不安でした。

口の中に硬いペニスを呑み込むと、まずは舌を裏側に押し当てます。それからできるだけ深く含むように唇を沈めました。

多少の息苦しさはありますが、舌を絡みつかせてゆっくりと口を動かします。

「ううっ」

彼の小さな声が聞こえてきました。私はその声が快感の証《あかし》だと思い、さらに激しく舌を使いました。

こうすれば気持ちいいのかしら……あれこれ試しながら、フェラチオに没頭します。

彼も私のやり方に注文をつけることはありませんでした。おとなしく立ったまま、黙って私にペニスを委ねています。

「ああ……とても気持ちいいですよ」

そう言われたとき、私は思わず彼の腰をぎゅっと強く抱いてしまいました。ほめられてうれしかったのと、もっと気持ちよくしてあげたいと思ったからです。

限界までペニスを頬張り、唾液が口から溢れても動きを止めませんでした。

どれくらいそれを続けていたでしょう。舌の使い方も慣れて、もう舐めていない場所もないほどでした。

すると前触れもなく、彼が腰を引いてフェラチオを中断させました。

「危なかったなぁ。あんまり気持ちよくて、出ちゃいそうでしたよ」

どうやら私は気づかないうちに、彼を限界まで追い込んでいたようです。彼が止めさせなければ、射精をするまで咥えつづけていたでしょう。

「そろそろ本番にいきましょうか」

待ちに待った言葉でした。私は意を決して「はい……」と返事をして、すぐさまベッドの上で彼を受け入れる姿勢になりました。

どれだけこの日を夢見たことか、それはまるで処女を失うような気分でした。

ベッドに横たわって待つ私に、彼は背を向けてコンドームの準備をしていました。しかし私にはそんなものは必要ないのです。なぜなら五十歳を前にして、すでに閉経していましたから。

「私、もう生理が上がってますから……生のままでもだいじょうぶです」

自分が女でなくなっているのを告白するのは勇気がいりました。そうまでしても、ありのままの彼を受け入れたかったのです。

彼は迷っていましたが、私の望みを聞き入れてくれました。コンドームを使わずにそのまま私に迫ってきたのです。

「いいんですね、これを使わなくても。中に出してしまいますよ」

私は彼の言葉に、ドキッと胸がときめいてしまいました。

もう生理がないとわかっているはずなのに、私を妊娠させてやろうと、そんなふうにも聞こえてしまったのです。

もうこれ以上は待ちきれません。私は彼に向かって「早く入れてください！」とおねだりをしました。

「お望みどおりに、生で入れますからね。よく味わってください」

ようやく体を重ねてきた彼が、腰を押しつけながら言いました。

あそこに硬いものが押し当てられ、ぐぐっ、と内側に入り込んできます。

「ひいっ！」

これまででもっとも強い刺激が走りました。まるで体ごと快感に呑み込まれてしまうようです。

長いことセックスをしていなかった私のあそこは、男性のペニスの感触をすっかり忘れていました。

それだけに私は悲鳴をあげ、彼の背中に爪を立ててしまったのです。

「痛いですっ、お義母さん」

「あっ、ごめんなさいっ」

あわてて私は手を引っ込め、替わりに腰に腕を回しました。

強く抱き締めると、深々とペニスが入っているのがわかります。こんなにも奥まで届くのかと、夫とのセックスでは経験したことのない感覚でした。

ゆっくりとペニスが引き抜かれると、今度はあそこがこすれる気持ちよさが広がってきました。

ああ、これがセックスなんだ……と、私は久々の快感にひたりました。

「んっ、うんっ、んんっ……私、どうにかなりそう」

あまりに気持ちがいいので、彼に向かって喘ぐことしかできません。

そんな私を彼は腰を振りながら見おろしています。

「ほら、どうです？　こうするともっといいでしょう」

いやらしく腰をぐりぐりとこすりつけてきます。そうすると奥までペニスが届くだけでなく、クリトリスも刺激を受けるのです。

「はぁんっ、そこ……ああ、もっと」

私は恥も捨てて、はしたなくおねだりをしました。

彼の腰使いはとても巧みです。夫はただ自分勝手に私の体を抱くだけでしたが、彼は私の気持ちいい場所を的確に責めてくるのです。

特にあそこの奥は、もっとも強い性感スポットでした。そこに刺激を受ければ、体がどうにかなってしまいそうです。

「お義母さん、口を開けてください」

「は、はいっ」

喘いでいる私に、彼は上からおおいかぶさって濃厚なキスをしてくれました。

これはもう恋人同士か夫婦のようなセックスです。私は勝手に彼とそんな関係になっている姿まで想像してしまいました。

「ンンッ、ンムッ……」

私が舌を絡めていると、彼は熱い息づかいで体を抱き締め、体重をかけてきます。

このままいつまでも彼と結ばれていたい。そう思いつつ、早く彼の精液を受け止めたいという気持ちもあります。

次第に彼のピストンが速まってきました。その表情と腰の動きから、終わりが近いことを感じていました。

「ああ……ください。私の中に」

私がそう言うと、彼はさらに強く腰を打ちつけてきました。

「イキますよ。いいですね、中に出しますよ！」

「はいっ、出して、いっぱい……ああっ！」

最後に彼が腰を止めた瞬間に、精液が溢れ出してくるのがはっきりわかりました。

とうとう私の望みは叶《かな》いました。愛する人と抱き合ってセックスの余韻を味わえるのは、これ以上ない女の悦びです。

彼もたっぷり私のあそこに精液を注いで満足したようでした。

「最高でしたよ、お義母さん。まだ時間があることだし、もう一回いきませんか？」

もちろん断るわけがありません。彼の求めに応じ、私たちは日が暮れてもホテルから出ませんでした。

こうして結ばれた私たちは、いまも娘に内緒でこっそりと関係を続けています。もし私たちの密会を娘が知ってしまえば、私は母親として心底軽蔑されてしまうでしょう。これまで築き上げてきた親子関係も崩れてしまうかもしれません。それでも私は彼とのセックスを止められません。たとえ娘や夫を裏切っても、いまの私にはそれだけが生きる楽しみなのです。

〈第二章〉

平凡な人妻がさらす淫靡すぎる本性

義弟から迫られた欲求不満の主婦が妹の自宅でえげつない不倫セックス

橋本絢奈　専業主婦　四十三歳

私は自分の妹の夫、つまり義弟と関係を持っています。妹には申し訳ないと思っています。姉として、人として失格でしょう。

私自身にも夫がいますが、子どもはいません。妹夫婦には子どもがいて、もう中学生になりますが、幼いころはその甥っ子を私もかわいがったものです。

子育てもなく、たまにパートに出るくらいで、ほとんど専業主婦の私は、時間の融通がきくので、いろいろと妹夫婦の家のことを手伝ったりもしています。

妹夫婦の日々の買い物も私がしている状態でしたが、子どものころから仲のいい姉妹でしたし、そのことは全然苦痛ではありませんでした。

社交的で勉強も得意だった妹が社会で活躍するのは当然ですし、内向的で家でひっそり本を読むくらいしか能のない私が、妹夫婦の家事を手伝うのはあたりまえの適材適所でしょう。

幸い、夫の両親が遺《のこ》した持ち家のおかげで、家賃の必要がなく、子どももいない私たちのほうが経済的には恵まれています。それでも、妹の夫の昌樹《まさき》くんに興味を持ってしまったのは、優秀な妹に対するコンプレックスというか、それなりに鬱憤《うっぷん》があったのかもしれません。

私から誘ったわけではありませんが、強引に口説かれたわけでもありません。自然とお互いにひかれ合ったというと、なんだかきれいごとで責任逃れをしているようですが、ほんとうにそんな感じだったのです。

その日も私は、妹の家に買い物した食材を届けにいっていました。預かっている鍵で家に入ると昌樹くんがいて、昨晩から体調が優れずに、会社を休んだとのことでした。

「ああ、びっくりした。先に言ってくれればよかったのに」

私はあり合わせのもので簡単な昼食を作りました。

そしてベッドまで食事を運んでいくと、突然キスされてしまいました。

「えっ、何を……」

でも私は強くは拒《こば》みませんでした。遅かれ早かれ、そうなる予感があったのかもしれません。私たちはそのままベッドで抱き合いました。

お互いの唇を吸い合って、舌を絡ませ合いました。二人の口をお互いの唾液が行き来しました。

「んんん、んむぅう……」

いつまでもキスしていたい。そう思うくらいに情熱的で素敵なキスでした。でも、やはりそれだけで終わるわけにはいきませんでした。二人とも成熟した大人ですし、下半身の欲望を抑えることができなかったのです。

「具合はもういいの？」

「はい、少し疲れがたまっていただけみたいです」

「……この先も、しちゃうんですか？」

「義姉《ねえ》さんさえ、いやじゃないなら」

「いけないことだけど、いやじゃない……」

私たちはお互いの体をまさぐり合い、衣服を脱がせ合いました。見た目よりも彼の筋肉は硬く、男らしい濃い胸毛が生えていました。

「ちょっと、意外な感じ……」

「服の上からじゃ、わからないからね」

私としては、妹しか知らない昌樹くんの秘密を盗み見た気がして、妙な満足感がありました。

もちろん、私の体も彼に全部見られてしまいました。昌樹くんは新しいおもちゃを手に入れた子どもみたいに、私の体のあちこちをじっくり見ては手指で触れ、唇をつけて舌を這わせて、そのいちいちの成り立ちを確かめているようでした。

中でも乳房は気に入ってもらえたようで、重さを確かめるように両手のひらに乳房をのせるようにして、ゆさゆさと揺らしていました。

ぎゅっぎゅっと握りしめてその弾力を確かめ、谷間に頭から突っ込んで両乳に挟まるようにして頬ずりして肌ざわりを確かめていました。

「ああ、恥ずかしい……」

恥ずかしさに身を縮める私をよそに、昌樹くんは乳首をつまんで、くりくりと指でこねるようにしながら舌を這わせました。

乳輪の円をなぞるようにしてじわじわと同心円を描きながら、やがて乳首にたどり着くと口の中に含んで、ちゅうちゅうと音を立てて吸いつきました。

ひとしきり乳房を弄《もてあそ》んで満足すると、次は下半身でした。パンツを脱がされ、股間が暴《あば》かれました。

「あ、だめ。恥ずかしい……！」

このところ陰毛処理をしていなかったので、ずいぶん恥ずかしい思いをしましたが、私の恥ずかしがる様子さえも、昌樹くんにとっては楽しい余興のようでした。

「恥ずかしがらなくてもいいじゃないか。すごくいやらしいアソコだよ」

大小の陰唇を指先で押し広げられ、ぽっかりと開いた膣口が露出します。人差し指と中指が洞窟探検のように侵入してきました。

ぬるぬるとにじみ出した愛液のおかげで、ほとんど抵抗なく太い指を受け入れました。同時に快感が全身に広がります。

「ああ、あんんん、んあぁあああ。気持ちいい……！」

さらにクリトリスを探り当てられ、そこに吸いつかれてはたまりません。舌先で敏感な箇所をいじられて、正気を保てるわけがないのです。

ベッドの上であられもなく開脚させられた私は、支柱を握りしめてよがり狂い、何度ものけぞりました。

「ああ、気持ちいい。ああ、イク。イッちゃう。イッちゃううぅう！」

思いきりのけぞって倒れこみました。私を最初の絶頂に追いやってご満悦の昌樹くんは、そのままベッドの脇に立って、脱力した私を見おろしていました。

「今度は、義姉さんがやってくれる？」

そう言って昌樹くんが口唇愛撫を求めます。もちろん私としても望むところでした。半身を起こすと、勃起したペニスが目の前にありました。妹だけが独占している性器です。私はベッドの上に四つん這いになって、昌樹くんのペニスに手を伸ばしました。それはかなり大きいと感じました。少なくとも私の夫のペニスよりは、立派で力強い印象です。

もともとフェラチオがそんなに得意ではなく、夫にせがまれても、適当にお茶を濁してしまうのですが、妹の夫が相手ではそうもいきません。妹への対抗心が私を駆り立てました。妹のフェラチオよりも気持ちいいと思ってもらわなくてはならないので、自然と熱がこもります。

舌先に力を込めて亀頭に這わせました。静脈で節くれだった茎に指を絡めて、上下にこすりました。

そして傘の部分を刺激するように、丸く舌でなぞりました。何度も何度も。口の中にわき出る唾液は飲み込まずに、そのまま舌を伝って亀頭に流れ落ちます。

垂れる唾液を絡めた指で茎から玉袋にまで塗りのばし、もう一方の手も使って玉袋を優しくもみました。

「うう……」

頭上からうめき声が聞こえます。私は上目づかいで昌樹くんの反応をチラ見しながら、強弱をつけて愛撫を続けました。昌樹くんはフェラチオする私をじっと見つめていて、何度も目が合いました。

「気持ちいいよ。義姉さん、じょうずですね、フェラ、好きなんですね。すごくエッチな顔してますよ」

がっぷりとペニスを咥え込んでゆがんだ顔を見られ、目を合わせてそんなことを言われるのはとても気まずく、羞恥心を刺激されるのですが、同時に隷属《れいぞく》の快感を感じることでもありました。

「んむむ、うむぅう……」

隷属というと語弊があるでしょうか。口唇奉仕している私は彼の奴隷でありながら、快感のとりこになっているのは彼自身でもあるのですから。

そんな倒錯した感覚が心地よく、クンニリングスでの絶頂の名残《なごり》も手伝って、私の子宮は熱く熱を持って、さらなる快楽を待ち望んでいました。

「俺もまた舐めたい。ねえ、舐め合いっこしましょう」

そう言うと昌樹くんもベッドに寝そべり、私たちはシックスナインの体勢になりました。

お互いの性器を口唇愛撫する悦びは、精神的な満足感があって、より深い快感が味わえます。私たちはそのままもつれ合って、お互いの股間に顔を埋《うず》めてむさぼり合いました。

私の子宮がさらなる快感を求めて熱を持ち、あとからあとから愛液を垂れ流します。私はもうこれ以上は我慢できなくなりました。

「ねえ、もう、入れてほしい。私の中に入ってきてほしい……」

思わずそんな言葉が口をついて出ました。

「俺も同じことを考えていましたよ」

昌樹くんがそう言って、いよいよ挿入です。最初は正常位でした。

彼は私の上におおいかぶさって、開脚した私の股間に下腹部を合わせてきました。

亀頭が女陰に押しつけられ、柔らかいお肉のようになった膣内に、鉄串のような男性器が突き刺さりました。

「あぁあああ！　あ、ああ、入ってくる。入ってくるよぉう。すごい、気持ちいい。いい。いいの。はぁあああんんん！」

ペニスは最奥部まで一気に届きました。膣内が押し広げられ、快感が全身を駆け抜けました。

「ああ、すごい。深い。深いぃい。奥まで入ってるぅう……！」

私は衝撃に耐えるため、両腕でしっかりと昌樹くんにしがみつきました。

「ねえ、キスして？　キスしてくださいぃい……！」

私は彼の唇を求めて吸いつきました。舌を差し込んで相手の舌を求めます。

ついさっきまでお互いの性器を舐めしゃぶっていた口と口でキスを交わすのは、より強い結びつきが感じられるものです。

私たちは夢中になってお互いの口を吸い合い、唾液を交換しました。

すると、すぐにピストンがはじまりました。

「はぁあああ……！　それ、気持ちいい……！」

昌樹くんが腰を引き、ペニスの傘が膣内の内壁をこすります。そしてまた腰が突き入れられて、亀頭先端が奥の奥まで届きます。

「ああ、すごい。すごい。気持ちいいよぉう……！」

あまりの気持ちよさに、私は腰をかわして強すぎる刺激を和らげようとしました。

でもそれはむだな抵抗でした。ピストンはどんどん速く、力強くなり、それにつれてどんどん快感も増していきます。

「ああ、イク。またイッちゃう。またイッちゃううう！」

私は、あっという間に二度目の絶頂を迎えました。やはり挿入でもたらされるオーガズムは強烈で、頭の中が真っ白になるほどの快感でした。

昌樹くんは私のお腹に濃い精液を射精しました。私は、そのたっぷりと放出された精液を指ですくって舐めました。

そんな私を嬉しそうにのぞきこむ彼の顔から汗が滴《したた》り、目薬のように私の目に落ちました。にじんで見える妹の夫の微笑みが、私に幸福感をもたらしました。

彼がまたキスをしてくれて、私たちはそのままいつまでも抱き合っていました。

妹への罪悪感は当然ありました。自分の夫に対しても申し訳なく思います。

でも、なんというのでしょうか、昌樹くんとのセックスはあまりにも気持ちのいいものでした。彼にとってもそれは同じだったようです。肉体の相性というか、魂の共振というか、私たちは巡り合うべくして巡り合った男と女であるのかもしれません。

以来、私たちは妹と私の夫に内緒で関係を続けています。

逢い引きの際は、買い物した食材を届けるタイミングで、昌樹くんが自宅にいるときにしています。営業職の彼は外回りが多いので、そういうことも可能なのです。

ただ毎週というわけにもいかず、月に一回か二回ですが、約束の日は朝から楽しみで、まるで思春期のころのデートのように胸を高鳴らせています。

妹に対する贖罪《しょくざい》のつもりというわけではありませんが、昌樹くんとのセックスのあとに、買い物した食材を料理して、あとは温めれば食べられるようにしたりもします。

先日もそうしていたのですが、そのまま彼にバックから挿入されてしまいました。ベッドで一度したばかりでしたから、まさかそうなるとは思っていませんでした。

最初は料理する私の背後に立って、髪の匂いを嗅いだり、お尻にさわったりする程度だったのですが、そのうちに興奮してきたのか、スカートの中に手を差し入れてきたのです。

「はうぅう……！」

そんなふうにされるのは初めてで、料理を続けながら、甘い吐息が洩れてしまいました。新婚時代の夫とも経験したことはありませんでした。妹と昌樹くんはどうだったのでしょうか。聞きそびれてしまいましたが、たぶんなかったことだと思います。

彼の指先が太ももを這い昇り、股間にたどり着きました。パンティの股布をぐって、指先が女陰をまさぐります。

「ああ、そこはだめだよぉう。ちょっと、いま、包丁使ってるのにぃ……」

一度したばかりですから、もちろん内側にはとろとろした愛液がたっぷりと溜まっていて、それを指先でかき出されてしまいました。

「あ、だめ。だめ。はぁあんんん……！」

女陰の決壊に、私の股間はまるでおもらししたみたいにびしょびしょに濡れてしまい、太ももにもしずくが垂れ伝いました。彼はすかさずその場に座り込み、スカートに頭を突っ込んでそのしずくを舐め取りました。

「……ああっ！」

びりびりと電流のような快感が走り、私はまともに立っていられなくなって、包丁を投げ出し、そのまま前のめりにキッチンに手をつきました。そのすきにパンティが膝までズリ下げられてしまいました。

鼻先がお尻の割れ目に突っ込まれ、唇が女陰に押しつけられます。舌先が後方からクリトリスを捉えました。

「ひぃ、ひぁああ……！」

あまりの気持ちよさに、突き出したお尻を左右に振ってしまいました。

「あぁああ、あんん、あん、あん、あぁあああんんん……！」

ふと気がつくと、ダイニングの壁にかけられた鏡にその姿が映っていました。それはとても恥ずかしい格好でした。

羞恥心が性感神経を敏感にさせたのでしょうか。ただでさえびしょ濡れの膣口からどばどばっと大量の愛液が溢れ出しました。

もう私はたまらなくなって、お尻を振りながら自分からおねだりしていました。

「ねえ、お願い。いじめないで。じらさないで。もう入れて。入れてぇえ……！」

昌樹くんはズボンもパンツも脱いで、ペニスを露出させました。それはすでにギンギンに勃起していました。

「すごいね。すごく勃《た》ってるね。どうしてそんなに勃ってるの？」

もうお互いに若いとはいえない年齢になりつつありますが、男の人は何歳くらいまで連続で勃起できるのでしょう。

少なくとも私の夫は無理ですし、したいとも思わないみたいです。私はまた妹をうらやましく思いました。

「義姉さんがエッチに誘うからだよ」

そんなふうに言われてしまい、私はまた恥ずかしさに身悶《みもだ》えしました。

昌樹くんはそんな私のお尻を両手でわしづかみにして、角度を調整しながら、亀頭の先端を女陰に押しつけました。

ぬるりと陰唇が割れて、膣口が押し広げられて、ペニスが侵入してきます。

「はぁあああ！　あひぃい、ひぃあぁああああああ！」

後背位で挿入されるペニスは、正常位とはまた違うところが刺激されて、とても気持ちがいいものでした。そんなことも忘れてしまっていたということが、自分でも驚きでした。

夫とはセックスレスというわけではなかったのですが、考えてみれば、おざなりな流れ作業のようなセックスでした。あんなセックスなら、レスのほうがよほどマシというものです。

彼のピストンが激しさを増し、私のお尻のお肉と彼の下腹がぶつかって、ぱんぱんと小気味のいい音を立てます。背筋を快感が突き抜けました。

「ああ、すごい。すごすぎるのぉう。ちょっと、ちょっと、待って……！」

私は立っていられなくなって、そのままキッチンに手をついて横に移動しました。ピストンの衝撃をまともに受けるのを避けつつ、体勢的に少しでも安定できる壁際のソファに行こうとしたのですが、彼がそれを許しませんでした。

さっきから、私がチラ見していたのに気づいていたのでしょう。壁の鏡の前に私を誘導しました。

そのまま、鏡に向かって手をついたままで、立ちバックで責められる格好になりました。

「義姉さんのエッチな姿が全部映ってるよ？　見てよ。無茶苦茶エッチだろう？　こんなに感じられたら、男もその気になっちゃうよ」

「ああ、そんな言い方、しないでぇえ……！」

鏡に映る自分の姿と向き合いながら感じまくるなんて、ふだんの自分からは考えられないくらい、はしたないことでした。それでも私は鏡の中の自分の姿から目が離せませんでした。

羞恥心なのかナルシズムなのか、とにかく私は性感を高め、その前にベッドでふつうにしたセックスよりもずっと感じてしまいました。

また別の日でしたが、お風呂でしたこともありました。

暑い日で汗ばんでいたので、行為の前にシャワーを借りたいと言ったら、どうせならいっしょにお風呂に入ろうということになったのでした。

男の人の広い背中を流すことに女の悦びを感じる、などというと時代錯誤かもしれませんが、私にとってはうれしいことでした。

子どものころに妹といっしょに父の背中を流したことを思い出しました。妹も昌樹くんの背中を流しながら、あのころを思い出すのでしょうか。

背中のあとは、前を向いてもらって、ペニスを洗いました。いったん流して、あらためて、ていねいに泡立てた石鹸で手洗いします。

包皮を剝いて、傘の裏側も洗います。そうしていると、だんだん勃起してきました。

「どうせなら、口でしてほしいな」

そう言う昌樹くんにバスタブに腰かけてもらって、泡を流してその場でフェラチオしました。

せっかく石鹸できれいにしたばかりのペニスを、私の唾液まみれにするのは気が引けましたが、昌樹くんが喜ぶので仕方ありません。

「今度は交代しよう」

今度は昌樹くんが私の体を洗いました。誰かに体を洗ってもらうなんて、子どものとき以来です。

昌樹くんは私の全身をくまなく洗いました。スポンジは使わず、手のひらや指だけで、ていねいに洗ってくれました。

首筋も耳の裏も、手足の指の股も。ふくらはぎ、太ももはマッサージも兼ねたような絶妙の指使いでした。

陰部は特にていねいで、陰毛で泡立てた石鹸で性器から肛門まで、しっかり洗われてしまいました。

「そこは……そんなにていねいに洗ってくれなくても……」

私がそう言っても昌樹くんは聞く耳を持ちません。

「いや、こういうところこそ、ちゃんと洗わないと」

そう言って、さらにていねいに指で押し開くようにして洗うのです。

開脚させられ、正面から女陰を見られるのも恥ずかしいものですが、バスタブに手をかけた中腰で、臀部を割り開かれ、後ろから肛門を洗われる恥ずかしさは、半端ではありませんでした。

そのままお湯を流して、背後から激しくクンニリングスされました。

昌樹くんは床に胡坐《あぐら》を組んで座り込み、中腰の私の陰部を背後から舐めしゃぶりました。尻を抱え込まれて、そんなふうに舐められると、彼の目と鼻の先に私のお尻の穴があるわけで、もう恥ずかしくて恥ずかしくて、そのままお湯に溶けて流れてしまいそうでした。

挿入は、胡坐をかいた昌樹くんの上に私が跨《また》がって座り込むような体勢でした。

「ああ、これ、すごいぃぃ……！」

この体位の挿入は、膣内の圧迫感がほかの体位と比べ物にならないくらい強いものでした。

「ほら、自分で動いてみて」

促されるまでもなく、私は尻で円を描くように腰をうねらせていました。

「いやらしい動きだね。やっぱり義姉さんはスケベなんだな」

「ああ、ああ、そんなこと言わないで。仕方ないの。腰が勝手に動いちゃうの。わざとじゃないんから」

どこをどう動かせば気持ちがいいのか、頭で考えるまでもなく、女の肉体が知っているようでした。

膣内の内壁のどこにどんなふうに性感神経が埋もれているか、どう動けばどうこすれるか、全部わかっているように、腰が勝手にうねります。それは止めようとしても止まりませんでした。

「ああ、気持ちいい。気持ちいいのぉう……!」

私のリズムをあえて狂わせるように、昌樹くんが下から突き上げます。その予期できない動きがまた別の快感を生み出して、いっそう私を乱れさせました。

「ああ、すごい。ホントに気持ちいい。もう、どうにかなっちゃいそう!」

のけぞりすぎてうしろに倒れそうになる私を、昌樹くんが腰に回した手で支えます。

私は彼の頭を抱え込むようにして、自分の動きが大きくなりすぎないようにしなくてはなりませんでした。

なにしろ狭い浴室ですし、タイルやバスタブは、布団やソファのように柔らかい素材ではありませんから、ぶつけでもしたら痣《あざ》の一つや二つはすぐにできてしまうかもしれません。

「しっかり抱きとめて。離さないでね」

私自身も両腕に力を込めて、乳房で昌樹くんを窒息させるつもりで彼の頭にしがみつきました。

彼は果敢にもその体勢のまま乳房をもみしだき、乳首に吸いつきました。

私のおっぱいにむしゃぶりつく昌樹くんの無心な様子に、母性愛にも似たいとしさが募《つの》りました。

子どもを作らなかった私には本当のところはわからないのですが、その熱心さは母乳を飲む乳幼児のようでした。甥っ子もこんなふうに妹の乳房から母乳を飲んだのでしょうか。

やはり妹にはかなわないのかもしれない。そんなネガティブな思いが脳裏をよぎりました。

でも、そんな思いを吹き飛ばしてしまうくらいのあり得ない深さと圧迫感で、ペニスが私の膣内をかき混ぜてきます。

やがて、津波のように大きな快感が押し寄せて、私を呑み込みました。

「ああ、すごいの来る。すごいの来る。イッちゃう。イキますぅ。あ、あ、あ、怖い、怖い。すごいの……イクぅううう！」

もう妹との勝ち負けなんかどうでもよくなるような、高みに届く絶頂が訪れました。

ただでさえ温度の高い浴室でそんなに乱れてしまって、わたしはすっかりのぼせてしまい、その日は一日中頭がぼんやりとしていました。

昌樹くんとの秘密の関係に、先があるとは思いません。家庭を崩壊させて妹や甥っ子にも、悲しい思いをさせたいわけではありません。

でも、いつか終わりがくるまでは、妹の目を盗んで昌樹くんとのセックスに溺れていたい。

そのことだけが、今の私の望みなのです。

スリリングな露出プレイに魅了され覗き魔たちに視姦されながら大絶頂！

駒村靖子　主婦　四十二歳

私の浮気相手である平田信二《ひらたしんじ》さんは大きな会社の部長さんなんですけど、社会的に地位のある人ほど性的に屈折しているというのは本当ですね。

というのも、平田さんは部屋の中でするセックスではまったく興奮しない変態だったんです。だから、平田さんとエッチするのはたいてい野外です。「セックスは外でするもんだ」というのが彼のポリシーらしいのです。

つきあいはじめて二年になりますが、部屋の中でしたのは三回ぐらいしかありません。

とんでもなく寒いときも、きっちりと冬服を着たままズボンのジッパーの間からペニスを出して、私のスカートをめくり上げて入れちゃうって感じなんです。

最初はホテル代をケチってるのかなと思ってイヤだったんですけど、平田さんの性癖を聞かされて、何度も野外でしているうちに、だんだん私のほうが深みにはまってきちゃいました。

だって、部屋の中でする場合は、ただの肉体的な快感だけだと思うんです。エッチなポーズをさせられても、セックスの相手にしか見られないのなら、恥ずかしさはほどほどだったりするし。

でも外でするると、恥ずかしさは段違いで、肉体的な快感と精神的な快感が一気に高まるんです。おまけに誰かに通報されるんじゃないかとか、知ってる人に見られるんじゃないかとか、スリルもすごくて中毒性があるんです。

先日も、平田さんに「プレゼントを買ってあげるよ」と言われて、いっしょにデパートに行きました。でも、平田さんといっしょにいて、ふつうにショッピングをするだけのはずがないんです。

「これをパンティの中に入れてきてくれよ」

デパートに着くと、そう言って平田さんが紙袋を手渡しました。中にはバタフライ状になったリモコンバイブが入っていました。

説明書によると、膣の中に挿入した部分がクネクネ動き、同時にクリトリスも振動で刺激できるという代物でした。

もちろん私は拒否したりしません。すぐに女子トイレに行き、個室の中でそれを装着しました。

いちおう、ローションも渡されたのですが、そんなものは必要ありませんでした。期待感ですでにヌルヌルになっていたので、バイブは簡単にあそこにすべり込んでしまったんです。

トイレから出てくると、平田さんの姿はありませんでした。どこに行ったのかしらとキョロキョロしていたら、いきなりリモコンバイブが動きはじめました。

膣の中をグニグニとかき回されながら、同時にクリトリスを刺激されるんです。

「はっ、ううう……」

思わず喘ぎ声がこぼれ出そうになって、私は必死に我慢しました。それでもデパートにいる買い物客たちの何人かは、私の異変に気づいたようでした。

でも、まさかリモコンバイブを入れているとは思わないようで、ただ単に具合が悪くなったと思ったみたいです。

「大丈夫ですか？」

小さな子どもを連れた若い男性が、心配して声をかけてくれました。

「え……ええ、大丈夫です。ちょっと胃が痛くなっただけなので」

私は震える声でそう言うと、その場から立ち去ろうとしました。だけど、バイブの振動は強くなったり弱くなったりして、私の動きを邪魔するんです。

極端に内股になって腰を引いたポーズでモジモジしている私を見て、その男性はあわてて子どもを連れて立ち去りました。きっと性的なものを感じ取ったのだと思います。

私はそのみっともない体勢のまま、平田さんの姿を探しました。

さすがにちょっとやりすぎよ。もうやめて！　そう心の中で叫びましたが、もちろんそんな願いを聞いてくれる人ではありません。

そして、その振動は強くなったり弱くなったりを繰り返し、私をエクスタシーの寸前まで追い詰めるんです。

ああ、ダメ……このままだと、みんなに見られながらイッちゃう！　もうイク！　半分、覚悟を決めた瞬間、すっと下腹部の振動が消えました。

「やあ、お待たせ。さあ、今日はなにを買ってあげようか？」

背後から現れた平田さんが、私の肩にそっと手を置きました。

その刺激だけで、私の体はビクンと震えてしまいました。それぐらい全身が敏感になっていたんです。

そのあと平田さんにワンピースを買ってもらいましたが、エクスタシーの直前で放置されてしまった私は、ずっと体の奥がムズムズしていて、ファッションのことなんか考えている余裕はありませんでした。

「ねえ、お願い、平田さん。私の体を慰めてもらえませんか？　もうこれ以上焦らされたら、私、どうにかなっちゃいそう」

買い物のあとに食事に行こうと言う平田さんに、私はそう懇願しました。

じっと目を見つめると、平田さんはゴクンと喉を鳴らしました。それぐらい私はいやらしい顔をしていたのでしょう。

「そうか。わかったよ。じゃあ、行こうか」

もうすっかり夜のとばりが降りた街の中を、平田さんは駅とは反対の方向へ歩いていきます。

そして、五分ほど歩くと、大きな公園に着きました。そこは「野外セックスのメッカ」と呼ばれている公園で、私も噂には聞いたことがありました。

そうか、ここでエッチをしてくれるのね。そう思うと、子宮がヒクヒクうごめいてしまうんです。

「よし、この辺にしよう」

草むらの中にちょうどいい場所を見つけると、平田さんはあらかじめ用意してあったビニールシートをカバンから出して、まるで花見でもするときのように敷きました。

そこはふつうに公園の中を通るだけでは見えない場所で、かすかに外灯の光も届き、野外エッチをするには最適です。

「さあ、こっちへおいで」

平田さんに手招きされると、私はふらふらと歩み寄りました。すると平田さんは、私のスカートをたくし上げてパンティをおろしました。

「おっ……まだ入れてたのか？」

私のアソコにはリモコンバイブが装着されたままだったんです。

「……平田さんがはずせって言わないから、また動かしてくれるのかと思って」

「それはすまなかった。だけど、そのぶん、いまから気持ちよくしてあげるからね」

そう言って平田さんがバイブを引き抜くと、それは濃厚な愛液にまみれていて、まるで湯気が立ってしまいそうな感じなんです。

そしてすぐに平田さんは私のアソコに指を入れて、クチュクチュとかき回してくれました。

「あああん、気持ちいい……」

やっぱり冷たい異物よりも、人間の指のほうが気持ちいいんです。

特に平田さんの指マンはすごくじょうずで、入り口付近の感じる場所を曲げた指先でゴリゴリこすられると、私は立っていることもできなくなり、その場にしゃがみこんでしまいました。

「はあぁ……もうダメ。我慢できない」

そして私は、平田さんを押し倒してズボンを脱がしました。

さすがに五十代なので、まだ半勃《だ》ち状態です。でも、それをお口の中で転がすように舐めて、フル勃起させるのが楽しいのです。

私は肉食獣が獲物を食べるときのように、ペニスに食らいつきました。そして、少ししゃぶってあげると、すぐに硬くなり、私の口を完全に塞《ふさ》いでしまうんです。

「おお……チ〇ポが好きで好きでたまらないってしゃぶり方だな。よし、俺もおまえを気持ちよくしてやるから、お尻をこっちへ向けてくれ」

その言葉に従い、私はペニスを咥えたまま、円を描くように体を移動させて平田さんの顔を跨《また》ぎました。いわゆるシックスナインの体勢です。

「すごいな。もうマン汁まみれじゃないか。なんていやらしい眺めだ」

そう言うと、平田さんは私の陰部に食らいつきました。

そして、割れ目の内側をベロベロ舐め回し、膣の中に舌をねじ込み、さらにはクリトリスをチューチュー吸うんです。

「あっ、はううう……」

あまりにも気持ちよかったので、思わず私はペニスを口から吐き出して、切なげな声をあげてしまいました。

そのとき、ジャリッと小石を踏む音が聞こえました。

一瞬、全身の血の気がひくような感覚に襲われました。シックスナインに夢中になって、そこが外だということを忘れていたんです。

私と平田さんは上下に重なり合ったまま、息を殺しました。

そして茂みのすき間からのぞくと、夜の公園を散歩していたのか、それとも近道のために通り抜けようとしたのかわかりませんが、サラリーマン風の男性が歩いていくのが見えました。

その人が遠ざかると、私と平田さんは同時に息を吐きました。

「あぶないところだったね。いちおう、ここは公共の場だから、下手したら通報されちゃうかもしれないから、なるべく声は抑えてくれよ」

「わかりました。気をつけますね」

平田さんはいちおう、社会的には地位のある人です。それに私も人妻ですから、もしも公然わいせつ罪とかで逮捕でもされたら、もう夫には離婚されてしまうでしょうし、人生も終わってしまうでしょう。

だけど、そう思うと、そんな禁断の行為をしているということに、よけいに興奮しちゃうんです。

「さあ、さっきの続きをしましょ」

私がまたペニスに食らいつこうとすると、平田さんはずっと体を起こしてしまいました。

「どうしたの？」

「もう入れたくなっちゃったよ。いいだろ？」

そう言うと平田さんは、あおむけになった私の両脚を左右に大きく開かせて、その中心に勃起したペニスの先端を押しつけてきました。

リモコンバイブで絶頂寸前まで昇りつめたまま長時間焦らされつづけた私のアソコは、大きなペニスを簡単に呑み込んでしまいました。

「はぁぁ……入ってくるぅ……あああん、すっごく奥まで届くわ」

「ううう……すごく熱くなってるよ。ああ、それにヌルヌル締めつけてくるこの感触……たまらなく気持ちいいよ」

私たちは小声でささやき合いました。そして、平田さんはゆっくりとペニスを抜き差ししはじめました。

平田さんのペニスはかなり長いので、完全に抜けきる手前まで引き抜かれ、そのあと根元まで押し込まれるという動かし方をされると、すっごく気持ちいいんです。

私はその抜き差しに合わせて、長く喘ぎ声をこぼしつづけました。

「はあああぁぁん……あっはあぁぁぁん……あああぁぁぁぁん……」

その喘ぎ声が徐々に小刻みになっていきます。平田さんの腰の動きがだんだん激しくなってきたんです。

さんざん焦らされたアソコに、その快感は強烈すぎます。私はすぐに一回目の絶頂に昇りつめてしまいました。

「あっ、イク～！」

控えめな声をあげ、私は全身を痙攣させてしまいました。アソコがきつくペニスを締めつけ、平田さんも苦しげな声を洩らしました。

でも、さすがに射精するまではいきません。すぐに第二ラウンドに突入です。

「今度は靖子《やすこ》が上になってくれ」

ペニスを挿入したまま、平田さんはごろんと横に転がるようにして下になりました。

「はあぁぁん……なんだか暑くなってきちゃった……」

ほてった体からは汗がにじみ出ていました。服が汗まみれになるのも気持ち悪いので、私はブラウスとブラジャーを脱ぎ捨てました。あとはもう腰の位置にスカートが腹巻きのような状態になっているだけです。

野外で裸になるのは開放感があって、とても気持ちいいんです。

「ほら、オッパイを揺らしながら腰を振ってごらん」

平田さんは下からズンズンと腰を突き上げてきました。

「はっ、あああん……こう？　こうですか？」

私は平田さんの上に跨《また》ったまま、腰を前後左右に動かしました。

剝き出しのオッパイが、ゆさゆさ揺れています。それを下から平田さんが手を伸ばし、わしづかみにしてもみしだくんです。

私たちは草むらの中にいるのですが、騎乗位だとちょうど首から上は草の上に出ている感じです。公園の中を見渡しながら、ペニスで子宮を突き上げられ、オッパイをもみしだかれている……それはとんでもなく興奮する状況でした。

ふだんよりも、ずっとずっと感じてしまうんです。

「あぁぁ、すごい……平田さん……あああん、野外エッチ最高だわ。はあぁぁ……」

そんな言葉をつぶやきながら腰を振っていると、ガサガサと背後で音がしました。

野良猫でもいるのかしらと思い、なにげなく振り返ると、草むらの中に黒い人影がうずくまっているのが見えました。

「えっ……」

とっさに悲鳴をあげそうになったとき、下から平田さんが私の腕を強く引っぱったんです。

不意をつかれた私は平田さんの上に倒れ込み、抱き合うような格好になりました。

すると平田さんが押し殺した声で、私の耳元でささやくんです。

「あいつらはいいんだ」

「……あいつら?」

私も小声でそうたずね、慎重に周囲を見回しました。すると、一人だけではなく、私たちを取り囲むようにして、何人かが身をひそめているようでした。

「あいつらはこの公園をテリトリーにしている覗き魔たちだ。動画を撮ったりしないでライブで楽しむのをルールにしてるんだ。だから気にすることはない。思いっきりエロいセックスを見せつけてやろう」

平田さんはこの公園には覗き魔がいることを知った上で、私を連れてきたんです。ひょっとしたらほかの女とも、ここでセックスをしたことがあるのかもしれません。でも確かに、複数の覗き魔たちにじっくり見られていると思うと、なんだかゾクゾクするぐらい興奮してきます。

「わかりました。じゃあ、こんなふうにしたら、あの人たちもよろこんでくれるかしら？」

私は平田さんの体に跨ったまま、足の裏を地面につけました。そして手を平田さんの胸に置いて、お尻を上下に動かしはじめたんです。

まるでカエル跳びのような動きです。そのとたん、草むらの中でザザザ……と音が鳴りました。全員が私の背後へと移動しているようでした。

覗き魔たちの視線が、ペニスが出たり入ったりしている私のオマ〇コに向けられている……しかもお尻の穴も丸見え……そう思うと、恥ずかしくて全身が熱くほてってってしまいました。

すると、エッチなお汁が大量に溢れ出てきて、私と平田さんのつながり合った場所がクチュクチュグチュグチュといやらしく鳴るんです。

「おおお……すごく気持ちいいよ。ああああ、たまらないよ……」

平田さんが苦しげに言い、ペニスがビクンビクンと私の中で暴れるんです。それが気持ちよすぎて、私は腰が抜けたように平田さんの上に座り込んでしまいました。

足腰に力が入らなくて、もうお尻を上下に動かすことはできません。

そこで私はまたフラダンスでもするかのように腰を前後左右に振りながら、自分でオッパイをもみしだいてみせたんです。

するとまた草むらでザザザ……と音が鳴り、今度はみんなが私の正面に回り込むのでした。

「あぁ、いや……はあぁ……」

平田さん相手に野外プレイはさんざんしていましたが、こんなふうにじっくりと見られるのは初めての経験でした。

それはもう視線で愛撫されているかのような感じで、体が猛烈に反応してしまい、私はまた絶頂に昇りつめてしまいました。

「あっ、ダメ、イクイクイク……イッちゃうう～。あっ、はあああん……」

私はふだんよりもずっと色っぽい声が出てしまいました。それは覗き魔たちへのサービスのようなものです。視線の愛撫をありがとうという感じです。

そして私は、平田さんの上にぐったりと倒れ込みました。

「俺ももうちょっとでイキそうだよ」

そう言うと、平田さんはもう一度上になり、正常位で激しく腰を振りはじめました。

ペニスは怖いほどに硬くなっていて、最後のときが近いのがわかりました。

その硬いもので膣奥を力いっぱい突き上げられ、私は夜空を見上げながら苦しげな喘ぎ声を洩らしつづけました。

「はあぁぁっ……あああぁん……すごい……すごいわ、今夜のセックス、最高よ。はあああっ……」

「おおお……俺もそうだよ。あああ、もう……もうイキそうだ。最後にあいつらに思いっきりエロいフィニッシュを見せてやろう」

「なに？　はあぁぁん……どんなフィニッシュなの？　あああぁぁん……」

下腹部をぶつけ合いながら私たちはそんな相談を交わしました。

「顔射だよ。顔に出してやるから、思いっきりエロいお掃除フェラを見せてやれよ。あああっ……もう……もう出る！」

そう叫んだ瞬間、平田さんはペニスを引き抜き、その場に立ち上がりました。

「あああん！」

私もつられるように体を起こしました。すると、平田さんは私の顔の前で、愛液まみれのペニスを激しくしごいたんです。

次の瞬間、ペニスの先端からドピュッ！　と精液が噴き出して私の顔に飛び散りました。とっさに目を閉じましたが、温かい感触と、生臭い匂いが私の顔を覆いつくしていきます。

「さあ、きれいにしてくれ」

そんな声とともに、硬いペニスの先端が唇に押しつけられました。私は口を開けてそれを咥え、チュパチュパと音を鳴らして尿道の中に残った精液を吸い出してあげたのでした。

そのとき、私の周りから溜息がいくつも聞こえてきました。覗き魔さんたちもよろこんでくれたようで、本当によかったです。

またあの公園で野外エッチしようと平田さんと約束しました。今度はどんないやらしいエッチを見せてあげようかと考えると、それだけでアソコがヌルヌルになってしまう私です。

息子のケガがきっかけで訪れた性春 体育会系コーチの逞しい肉体を味わい

垣内奈緒美　主婦　四十二歳

今年で十歳になる一人息子の浩太《こうた》は、地元のジュニアサッカーチームに所属しています。実際はどうかわかりませんが、本人がいうには才能があって監督やコーチからずいぶんと期待されているそうです。

確かに同世代の小学生より背が高く、体もがっしりしている息子ですから、そのとおりなのかもしれません。そんなこともあり、浩太は毎週末になると、練習や試合で夕方まで家にいないことが多いのでした。

子ども特有の照れでしょうか、「親がついてくるのは恥ずかしい」と、いつも勝手に自転車に飛び乗って出かけていくので、母親としてやるべきことは、お弁当作りとユニフォームの洗濯くらいなものです。

息子だけでなく、私と同じ歳で働き盛りの主人も平日は仕事ばかり、週末は暇さえあれば朝早くから釣りに出かけるという生活でした。どうやら、親子揃って何かに熱中してしまう性格のようです。

私としては手間がかからなくて助かるのですが、その一方で物足りない気持ちがあったのも確かでした。

息子とはまだ母子としての会話はあったのですが、常に忙しい主人とは必要最小限の接触しかなくなり、もちろん、夜の営みもここ数年ありません。

ときどき、自分は妻ではなく単なる家政婦なんじゃないかと思い、気分が落ち込んだりもしたものです。

そんな日々を送っていた、ついひと月前の土曜日の午後のことでした。

浩太からいきなり「母さん、コーチが話あるってさ」と、ぶっきらぼうな電話があり、こちらから聞き返す前に、枡田《ますだ》さんと名乗る若い声の男性と代わりました。

その枡田さんが、ずいぶんとあわてた口調で、浩太がグラウンドで練習中に足をすべらせてケガをしてしまい、歩けない状態だと言うのです。

こればかりは浩太がいやがっても放っておくわけにはいきません。私もあわてて、車で近所の河川敷にあるグラウンドへ向かいました。

教えられたグラウンドに着くと、三十歳くらいでポロシャツにジャージ姿のコーチが、ベンチで青ざめて、息子の右足首を冷やしていました。

それが電話で話したコーチの枡田さんでした。

さっそく、浩太を車に乗せ、枡田さんとすでに連絡してあるという整形外科医院に向かいました。

車中で話を聞くと、今日は監督が仕事の都合で練習に立ち会えず、コーチの枡田さんとグラウンドに残ったもう一人の後輩コーチとで、指導していたそうです。

「大事なお子さんをお預かりして、こんなことになってしまい申し訳ありません」

「どうせ、浩太が調子に乗ってふざけていたんでしょ」

助手席の枡田さんを気楽にさせようと、私は笑いながらハンドルを切りました。

「たとえそうだとしても、目を離していた自分の責任ですから」

短く刈った髪を何度も下げる枡田さんの、いかにもスポーツマンらしく日焼けした表情を横目で見ながら、まじめな人なのねと内心思いました。

整形外科医院に到着して、お医者さんに診てもらうと、浩太は右足首の捻挫《ねんざ》で一カ月は運動厳禁とのことでした。

それでも、まったく誰に似たのか、診断を告げられても浩太は大した動揺も見せずに平然とこう言ってのけたのです。

「サッカーにケガはつきもんだからさ、母さんもコーチも大騒ぎすることなんかなかったんだよ」

「そんなこと言ったたって、浩太」

「それより、そこにいられると、母さんがいなけりゃ治療できないみたいで恥ずかしいじゃん」

私はそんな息子の気持ちを察して、待合室に出ていることにしました。

待合室では、浩太とは対照的に青ざめている枡田さんを落ち着かせるため、積極的に雑談を交わしました。正直に言えば、誠実なスポーツマンといった感じの枡田さんに、好意を抱きはじめていたせいもあります。

枡田さんはケガが原因で大学までやっていたサッカーをあきらめたそうです。その苦い経験から、今回、親身になってくれているのだとわかりました。

けれど、それ以上に興味があったのは、彼のプライベートに関してのことでした。歳はまだ二十九歳でお仕事は市役所で働いていること、そして独身だと聞かされた私は、からかうように尋ねたのです。

「彼女はいるんですか？」

「お恥ずかしいのですが、社会人になってからはずっといません。彼女がいたら、毎週末に少年サッカーのコーチとかできませんから」

「言われてみれば、それもそうね」

私たちは、顔を見合わせて互いに苦笑しました。

それでなんとなく、初対面のぎこちなさが消えたような気がしたのです。もしかしたら、私の一方的な感覚かもしれませんが、この時点でもう、彼に好意以上の感情を抱いていたのかもしれません。

そのとき、枡田さんともう少し話がしたいなと思ったタイミングで、浩太が治療室から出てきました。松葉杖と右足首に分厚く巻かれた包帯が、痛々しい印象です。

私が会計をすませている間、スマホで連絡を取り合っていた枡田さんは、振り向いて告げました。

「今日はもう、みんな練習終えて引き上げるので、グラウンドに戻らなくてもいいそうです。浩太君の自転車も、もう一人のコーチが預かってくれることになりました」

「あら、だったら枡田さんもこのままお帰りになります？　車でお送りしますけど」

「それでは、甘えさせていただきます。でしたら浩太君を乗せて遠回りするより、先にお宅でおろしたほうがよいと思いますが」

「そうですね」

そうすれば、枡田さんとあとで二人きりになれると、まるで若いころのように私の胸はときめきました。もちろん、彼のほうはそんなことを計算していなかったでしょうけど。

さらに、私の感情を昂《たかぶ》らせたのは、車に乗せるために浩太を背負った姿でした。

「そんな大したケガじゃないのに大げさだよ、コーチ」

「無理すんなって」

照れていやがる浩太を強引に、そして軽々と背負う枡田さんは、どちらかといえばスマートな体格です。

「浩太は小学生にしては体が大きいほうですし、重くないですか？」

「はは、軽いものですよ。ぼくもずっと運動していましたから」

私だったらどうだろう？ あの背中に私の胸を押しつけたら、どんな反応するかしら？ どちらかといえばポッチャリとした自分が、枡田さんに背負われている姿を想像した私は、いつの間にかぼんやり考えていました。

忘れかけていた、自分の中の女を自覚したのはこのときだったのでしょう。

「母さん、何してるの？ 早く車のドアを開けてよ」

そのあと浩太に促されて、私はやっと我に返ったのです。

帰宅すると、枡田さんは浩太を背負って二階の部屋まで運んでくれました。

「浩太、枡田さんを送ってくるからおとなしく休んでなさいね」

「はーい」

枡田さんに背負われた階段の途中で、浩太が振り返りました。

浩太はいつも、家に帰ればすぐにテレビゲームを始めて、私がご飯だとか声をかけない限り、いつまででもやりつづけているのですが、その日ばかりは好都合でした。

私は少なからぬ罪悪感を持ちながらも、あのときは母親ではなく、完全に女になっていたのだと思います。

やがて、二階の浩太の部屋からテレビゲームをする音がかすかに聞こえ、枡田さんが階段を降りてきました。

「今日はほんとうに申し訳ありませんでした。また、あらためて様子を見にきますから」

三和土《たたき》でしゃがみ込みスニーカーをはく枡田さんの背中に、私は作った甘え声をかけました。

「ねえ、枡田さん、ホッとしたら何か疲れちゃったわ」

「緊張している間は、疲れを感じないものですからね。でしたら、無理して送っていただかなくても大丈夫ですよ。一人で帰れますから」

「いえ、そういう意味じゃなくて、車まで私を背負ってくれませんか？　浩太にしたみたいに」

「え⁉」

私の突飛《とっぴ》な頼みに、枡田さんは振り返り、目を丸くしました。

けれど、すぐに言葉の裏にあるものを察したのでしょう、彼の視線が私の胸に刺さり、喉が上下にゴクリと動いたのを覚えています。

こうなるともう、後戻りはできません。

私はしゃがみ込んだまま動かないでいる枡田さんに、後ろから抱きつきGカップの胸を押しつけました。

筋肉で張りつめた背中をいっそう硬くした枡田さんの耳元で、私はささやきました。

「このまま、背負っていって」

「それじゃあ……しっかりとしがみついていてください」

彼は後ろ手に両手のひらを私の体に回すと、腰を上げました。

玄関から車まで背負われたのは、ほんの短い距離でした。

私は肩越しに回した手で、枡田さんの胸の筋肉をなで回し、首筋から耳に、ときに舌先を這わせながら熱い吐息をねっとりと吐きかけます。その間も、背中に胸を押しつけゆっくりと円を描いたり、硬くなりはじめた服越しの乳首を微妙に離したり密着させたりと、彼の背中を刺激しました。

以心伝心というのでしょうか、その間も枡田さんは、後ろ手に包み込んだ私のヒップを軽く左右に割り、こね回します。

ときどき、指先があの部分に近づいては離れるもどかしさに、私は彼の背中で身をよじりました。

そんな二人を隔てる服や下着の生地が邪魔に思えて仕方ありません。一刻も早く素肌同士を合わせたいと、私の心は焦れに焦れました。

やがて、枡田さんが車の横で私をおろすまで、一分もなかったかもしれません。けれど、この一風変わった前戯で、すでに私のあの部分はじっとりと湿っていました。

「重くありませんでしたか?」

自分でも上気した顔つきになっているのがわかり、取りつくろうように私は尋ねます。

枡田さんもまた、少し前屈みの姿勢でこたえました。

「いえ、全然。ずっと背負っていたいくらいです」

その返事と姿勢に、私は女になることを決めたのです。


車に乗り込み、向かった先はバイパス沿いのラブホテルでした。

ふだん、出かけるときに通りかかって目にはしていたのですが、まさか自分が利用することになるとは思っていませんでした。

私と枡田さんは、部屋に入るなり待ちかねた瞬間を迎え、すべてを脱ぎ捨てました。

「子どもの練習の相手をして汗をかいたから、先にシャワーを浴びたいな」

互いに全裸になると思いついたように言う枡田さんに、私はうなずきます。

私は、枡田さんの手を取って、いっしょにバスルームに向かいました。

「もう少し熱いほうが好み？」

「いえ、このくらいでちょうどいいですよ」

まるで、若い恋人同士がじゃれ合うようにシャワーのお湯をかけあったあと、私は両手のひらの上でボディソープをのばし、胸に塗りつけます。

「じゃあ、その椅子に座って」

言われたとおりにした枡田さんの背中に私は抱きつき、今度こそ素肌の胸を押しつけました。

ボディソープでぬめった乳首に、くすぐったいような快感が駆け抜けます。

「ああっ」

ただそれだけの触れ合いで、玄関先での奇妙な愛撫の熱を保っていた私は、思わず声を洩らしてしまいます。

もちろん、それで終わりにする気はありません。ボディソープのぬめりを利用して、流行《はやり》の言葉でいえば細マッチョというのでしょうか、枡田さんの筋肉を楽しみながら胸での愛撫を加えていきます。

さらに私は、背後から右手を彼の股間に伸ばしました。

すでに反り返った彼のあそこに触れた私は、その予想以上の熱さ、硬さに驚き、思わず指を引っ込みかけましたが、思いきって握りしめます。

「ううっ！　奥さん」

今度は枡田さんのほうが、うめき声を洩らしました。

その上擦った呼吸に、早くも彼が高まりきっているのがわかりました。

「女性は、久しぶりですか？」

「は、はい」

私は枡田さんの前に回り込むと、天を衝《つ》かんばかりに屹立《きつりつ》したものを両手で寄せた乳房で挟み込み、ゆっくりともみ込みながら上下させました。こんなこと、主人にもしたことがありません。

「気持ちいい？」

上目づかいに彼の表情を眺めながら、乳房の間から顔を出している、逞しいものの頭の部分を口にふくみました。

さらに舌を使って、頭の部分を舐めしゃぶります。その間も、乳房を細かく上下させることは忘れません。

ニチャニチャと、乳房と枡田さんのあの部分が、ボディソープでこすれ合う音がバスルーム内に響きます。

「ああ、気持ちよすぎます、奥さん……」

口の中で、枡田さんのものが一気にふくらんだ気がしました。

息苦しさを感じた私が、いったん、口を離したそのときです。

枡田さんのものの先端から、白くねばった精液が弾け出ました。

「えっ？」

予想以上の勢いに、かわす間もなく、彼の噴出したものが私の顔を直撃しました。それだけでは終わりません、熱を帯びた男の粘液は何度も私の首や胸元にまき散らされたのです。

「す、すみません、抑えきれなくて」

隠しきれない股間のあの部分を手のひらでおおった枡田さんは、あわてて立ち上がり、申し訳なさそうに肩をすくめました。

「ううん、気にしないでいいわ」

私は唇の端に垂れてきた彼の放った粘液を、舌先で舐めて微笑みました。

少しの塩気と苦みと独特の青臭さが、かえって私の中の女を刺激したようで、カッと体が熱くなり、あの部分がぬめってきたのがわかります。

もう、この場でいますぐメチャクチャにされたい！

そんな感情がわき上がりましたが、なんとかその衝動を抑えた私は、かすれた声で告げました。

「先にベッドに行っててください。枡田さんの出したもの、流したらすぐ行きます」

「は、はい」

申し訳ないといった様子で、枡田さんは股間を押さえたままバスルームを出ていきます。その股間のものが、まるで勢いを失っていないのを横目にした私は、期待を抑えることができませんでした。

枡田さんと早くつながりたい気持ちが先に立ち、髪の水気をざっとぬぐっただけで私はベッドへ向かいます。

さすがにスポーツマンだけあって、むだなぜい肉がついておらず、腹筋も見事に割れている枡田さんの体は、まるで彫刻のようでした。その中心で逞しくそびえている男のシンボルも、感動するほどの迫力です。

ベッドに上がった私は、また彼のそれに舌で奉仕しようと顔を近づけました。

「ちょっと待って、今度はぼくの番だから」

枡田さんは体を入れ替えると、私の両脚を肩に担ぐようにして、顔を埋《うず》めます。

「だめよ、恥ずかしい！」

私は体をよじって、軽く抵抗しました。実は彼に背負われた時点で私のあの部分はすでに濡れていたのですが、バスルームでの行為で洪水状態になっていたのです。

けれど枡田さんは、構わずに舌先で私のあの部分を左右に広げました。

「うぅっ！」

ぴちゃぴちゃという音に合わせ意思とは関係なく腰が動きます。

それで、私が欲しがっていると見透かされたのかもしれません。枡田さんは、いきり立ったものを握ると私のあの部分にあてがいました。

「入れてもいいですか？」

黙ってうなずいた私は、自ら迎え入れようと軽く腰を浮かせます。

うるおいすぎるほどにうるおっていた私の中に、ぬるりと粘膜が押し広げられ枡田さんのものが侵入してきました。

「ああっ！」

私は枡田さんの背中に腕を回し、引き寄せます。

彼の背中の筋肉を確かめようと指でなで回すと、さっき背負われた感覚がよみがえり、また胸の奥にずきりと快感が駆け抜けました。

ただ、そんなことを思ったのも一瞬で、私は久しぶりの快感の波にのまれ、すぐにまた溺れていくのでした。

そんな私の耳に、快感を訴える枡田さんの声が心地よく伝わります。

「すごいです、奥さん、こんなの初めてだ！」

「わ、私も……」

枡田さんの動きは不器用で荒々しく、そのリズムに合わせて乳房が不規則に揺れているのがわかります。

私の内部も、上下左右に突かれ、それがかえって女の快感の部分を責められて、大きな感覚を与えてくれました。

やがてまた私の腰が勝手にヒクつきはじめたそのとき、枡田さんは動きに激しさを加えながら、早口で言ったのです。

「すみません、ぼく、またイっちゃいそうです」

「いいわ……中に、中に出して！」

私の中で、彼のものが何度もビクビクと暴れる感覚が伝わりました。

同時に、私の体中が浮き上がるような快感で満たされ、今度こそ何も考えられない状態になってしまいました。

服を身につけて帰り支度をととのえながら、私は罪悪感に襲われていました。

今日も釣りに出かけている主人は、どうせ帰りも遅いに決まっています。

けれどケガをした息子の浩太を家に一人きりにして、このような行為に溺れていたのですから、本当に悪い母親だという自覚はありました。しかも、相手はその息子が指導を受けているサッカーのコーチなのです。

枡田さんを送って帰ったら、どこかファミレスにでも連れていって、夕食に好きなものを食べさせてあげよう。そう思いながらも、一方では浩太をダシにして、また枡田さんと楽しもうと考えていました。

彼のほうも、別れ際にまた会いたいと言ってくれました。

自分は母親失格かもしれませんが、やはり一人の女なのです。しばらくは、枡田さんとの関係を止められそうにありません。

〈第三章〉

旦那以外のペニスを貪る禁断の女穴

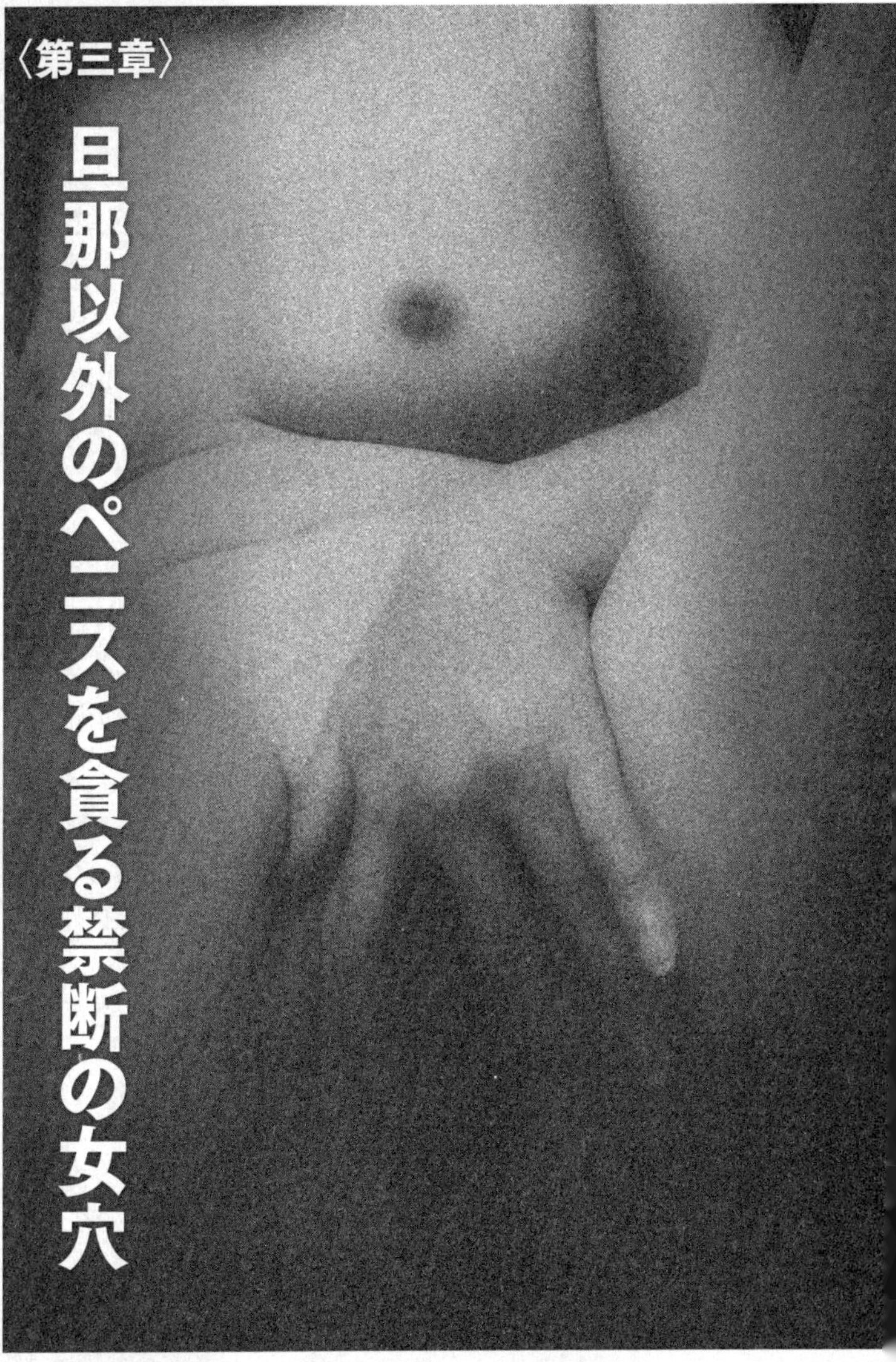

マンションの主婦友の旦那を寝取り激しい快楽と優越感に浸る豊満妻

南 茉奈　主婦　四十二歳

同じマンションに住む加藤《かとう》さんの奥さんとはよくいっしょにランチに行く間柄ですが、ほんとうに仲がいいわけではありませんでした。

彼女は自分が元モデルだというのが自慢で、旦那さんがうちの主人よりいい会社に勤めていることや、自分がいまでもモテること、その裏返しでぽっちゃり体型の私が彼女の引き立て役でしかないことなどを鼻にかけては、チクチクとマウンティングしてくるのです。

私はそれを我慢して耐え、彼女の気分がよくなるようにいつも気を遣わなければなりませんでした。わざわざそんな人とつきあわなくていいじゃないかと思われるかもしれませんが、行きがかりもありますし、同じマンションの中で生活していくうえで変な敵をつくるわけにはいかないんです。

そんな奥さんとは反対に、旦那さんの加藤さんはとても感じのいい、心からかっこいいと思える男性でした。

偶然顔を合わせたときなど「いつも妻の相手をしてくださってありがとうございます」とていねいに挨拶してくれて、一度などは買い物帰りに道で会い、私の荷物を持ってくれたこともありました。

そのときに「妻は性格がキツいところがあるんで、ご迷惑じゃないかと心配してるんです。南《みなみ》さんは優しそうだから気を遣わせちゃってるんじゃないかって」と私のことを気遣ってくれ、さらに「ぼくも家ではけっこう窮屈で……。妻が健康志向なのはいいんですが、こっちは脂っこい肉と飯をガツガツ食べたいときもあるんですよ」と、奥さんへの不満をこぼしました。

続けて「妻は太ることばかり気にしていますが、たいていの男はふっくらとした女性的なボディに魅力を感じるものなんですけどね」と、こちらが「おや?」と思うようなことまで言ってきたりするんです。

当然ぽっちゃり系の私としては、女心をくすぐられてしまいます。

そういう経緯もあって、もちろんあの奥さんがいっしょのときは別ですが、加藤さんと会ったときには、思いきりやさしく、私の中の最高の笑顔で、さらにプラスしてさりげなく女を出して接するようにしていました。

そんなある日のことでした。いつも自慢話ばかりする奥さんから「うちの旦那、四捨五入するともう五十だし、最近アッチが役立たずなんだけど、おたくはどう？」と珍しく愚痴を聞かされたんです。

うちの主人も四十六歳、加藤さんと同年代だと思いますが、私たちのところはスタミナ云々の前に、もうずっと前からセックスレスでした。

うちには、いまは東京で一人暮らしをしている大学生の息子がいるのですが、出産をきっかけになんとなくお互いを男女として見られなくなっていたのです。

だからご多分に洩れず欲求不満ではあったのですが、私はそのことを隠して「うちはまあ、ぼちぼちかなぁ」と初めて奥さんにマウンティングしてしまいました。

それがなんだかうれしくて、つい悪い気持ちがムクムクとふくらんできてしまったんです。

美人で細身な奥さんにぽっちゃり系の私が勝てるかもしれない……想像すると、それだけで顔がニヤけてしまいます。

この日の快挙を境にして、私は積極的に加藤さんとの距離を縮める作戦を実行していきました。

うちの主人はいつも帰りが遅いのですが、フレックス制の加藤さんは早朝に出社しているので夕方には帰ってきます。その時間を知っているので、偶然を装《よそお》って顔を合わせるのは簡単でした。

私は加藤さんの帰宅時間を狙って買い物を終え、駅からマンションに帰ってくる道で待ち伏せをして、いっしょに帰るということを繰り返したんです。

ベチャパイの奥さんには作れない胸の谷間を強調したり、ぽっちゃりをアピールするようにさりげなく腕や肩でやさしくボディタッチしたり、奥さんのフォローをしてるふりをして加藤さんから奥さんの愚痴を引き出しては、私自身のアピールをしていきました。

私としてはそれだけで痛快で、あとのことは妄想しながら一人エッチをすることで十分満足できました。

でも、加藤さんの私を見る目が女を見る男の目に少しずつ変わってきたのを感じてからは、本気の欲望がわいてくるのを止められなくなってきました。

いっしょに歩いていると、まるで思春期のころの恋みたいに気持ちを隠せなくなってしまうんです。

だから、手と手が偶然触れ合ったとき、思わずギュッと握ってしまって、あわてて「ごめんなさい」と放したり、そのあと、じっと目を見てしまったり……。

一度そういうことをしてしまうとどんどん気持ちがエスカレートして、何度かは言葉でも「加藤さんみたいな人に抱いてもらえる奥さん、うらやましいな」とか「加藤さんといっしょにいるといつもドキドキしちゃう……」と、ほとんど口説いてるみたいなことまで言ってしまいました。

加藤さんにその気がまったくなかったとしたら、サッと距離を取られてしまっても仕方のない賭けだったたと思います。

でも、そうはなりませんでした。

奥さんから例の愚痴を聞いてひと月くらいがたち、いっしょに帰るのも十回目くらいのときでした。加藤さんのほうから「南さん、今日はちょっと遠回りして帰りませんか」と言われてしまったのです。

内心、とてもドキッとしました。

最寄りの駅からうちのマンションに至る道のりで、遠回りというと広い公園の中を通るルートになるんです。

日暮れどきともなるとひと気も少なくなりますし、木がいっぱい茂った森のようなところもあって、そこに行くということは、何かあるんだとしか思えませんでした。まじめそうな加藤さんが私のためにそこまでしてくれるなんて。でも、こっちの勝手な思い違いかもしれません。

緊張と期待に胸を弾ませながら私は「はい……」と答えました。

公園に入ると私たちはしばらく無言になり、周りに誰もいなくなると加藤さんが歩きながら私の手を握ってきました。

私はもちろん握り返しました。指と指を絡め合う恋人握りです。

そして、やっぱり来ました。加藤さんのリードで木立に囲まれた暗がりに入ったところでキスされたのです。

舌を絡めながら強く抱き締められて、下腹部に加藤さんの硬くなったものを感じました。

私の熟れたおっぱいが加藤さんの胸板でぐにゅっとなって、服から飛び出しそうになりました。まるで、心臓までいっしょに飛び出してしまいそうです。

加藤さんの息がどんどん荒くなっていき、密着したままスカートの中に手を入れられると、私は興奮のあまり立っているのもやっとなくらい感じてしまいました。

すると、加藤さんの長い指の先が太もものつけ根をじわじわ這い上がってくるんです。

アソコは公園に入る手前くらいから恥ずかしいほど濡れていて、パンティ越しにキュッと指先を押し込まれるとそれがバレバレになりました。

「あぁっ……」

思わず声を出しながら、恥ずかしさをごまかすように私も加藤さんの下半身へ手を伸ばしていきました。

加藤さんのあそこは、スーツのズボン越しにもパンパンになっているのがわかりました。

奥さんは「役立たず」と言っていましたが、私に対してはこうなるんだと思うと、うれしくて笑みがこぼれそうになってしまいます。

「ごめんね、南さん、我慢できなくなっちゃったんだ」

加藤さんが小声で言い、自分からズボンのベルトをはずして反り返ったペニスを露出させました。

初めて見るそれは、想像していた以上に立派でした。形もよくて、逞しくて、主人のよりも私と相性がよさそうでした。

「私も我慢できません」

喘ぎあえぎ言いながら私はその場にしゃがみ込みました。ほんとうに我慢できなかったんです。

あこがれだった加藤さんのペニスを思いきり頬張り、舌を絡めながら吸いました。いやらしい女と思われたっていい。むしろあの奥さんが絶対にしないようなことをして気に入られたいという思いで、ペニスの裏側やタマタマまで念入りに舐め回しました。

「ううっ、気持ちいいよ……南さん……」

加藤さんは私の頭を両手でなでながら耳の裏や首筋を愛撫してくれました。そして
「南さんのことも気持ちよくしたいな」と求めてきたのです。

私が口を離すと、加藤さんが脇に手を入れて抱え起こしてくれ、もう一度キスをしてくれました。

こんな場所でエッチするの？　と一瞬思いましたが、私たちはごく自然に、茂みの奥にあった公衆トイレに向かいました。

あのプライドの高い奥さんだったら、公衆トイレでのエッチなんて絶対に拒否すると思います。でも私は平気でした。むしろよけいに興奮するような気もしましたし、

奥さんへの対抗心もあって、自分から加藤さんを促してトイレの中に入りました。

個室の一つに入ると加藤さんが鍵を閉め、私の背後に回り込んでニットの上着をまくり上げてきました。

「ずっと抱きたかったよ……」

そう言ってブラをずり上げておっぱいをもみしだき、乳首をキュッキュッとつまんできます。

「ああっ、加藤さん……うれしいっ！」

無意識に腰をくねらせながら私は壁に両手をついて喘ぎました。

もしかしたら誰か入ってくるかもしれないというスリルもあって、怖いくらいに感じてしまいます。

加藤さんがそんな私の腋の下から顔を覗かせて乳首を舐め、パンティをずりおろし、指でアソコを愛撫してきました。

クチュクチュと恥ずかしい音が出て、私はガクガクと膝が折れそうになりました。

「片足をここにのせて」

蓋をおろした洋式トイレの上に片足を上げるように言われてそうすると、加藤さんが床にしゃがんで私のアソコを舐めはじめたのです。

信じられない気分でした。元モデルの奥さんがいる真面目な会社員で、顔も性格も理想的な男性が、シャワーも浴びてない私のアソコをいやらしい音を立てて舐め回してきてくれるんです。

「気持ちイイです……アァッ、感じるっ……イイッ……あぁぁっ」

場所もわきまえずに叫んでしまい、私はあわてて自分の口を手のひらでおおいました。でも、どうしても声が出てしまうんです。

加藤さんは、舌だけでなく指も使ってアソコを刺激してくれました。

「あはぁっ……もうだめぇ……」

一秒でも早くペニスを入れてほしくなった私は、顔を真っ赤にしておねだりしました。すると加藤さんが立ち上がり、ベルトをはずしはじめたのです。

上げている足を床へおろすように促された私がお尻を突き出した瞬間、斜め下からアソコに熱いものをあてがわれ、ヌルリと押し込まれました。

「あっ！　加藤さん……ああっ、すごい！」

壁に手を突いたまま私は髪を振り乱し、太ももをブルブルふるわせて喘ぎました。

こんなにたくさん濡れたこと、一生のうちで一度もなかったかもしれません。加藤さんが腰を打ちつけてくるたびにブチュブチュとエッチな音がして、カチカチのものでいちばん奥まで突かれました。

「南さんの中、とっても熱いよ……熱くて締まって、気持ちいいよ」

加藤さんが息を弾ませながら言い、腰を動かしながらおっぱいを激しくもみしだいてきました。

公衆トイレでよそのご主人とこんなことをしているなんて……。あの奥さんの顔が思い浮かんで、頭の中が沸騰するほど興奮しました。

役立たずなんてとんでもない、加藤さんのペニスは先端がパンパンにふくらみきって、出し入れのたびに私の襞を激しくこすり、かき回してきました。

「あぁイクッ！　もうイクゥッ！」

すぐに私は最初の絶頂に達し、唇の端からヨダレまで垂らしてしまいました。

私が呆然《ぼうぜん》としかけると、加藤さんは一度ペニスを引き抜いて私に正面を向かせました。そしてもう一度片足を便器に上げさせ、向かい合って立ったまま再び挿入してきたのです。

片腕で腰を引きつけ、片手を背中に当てて胸を密着させながら波打つように腰を動かす加藤さんの顔は、ふだん見る穏やかな表情とは全然違って野性的でした。

それがたまらなくセクシーで、つながったままキスされて舌を吸われていると、もうほんとうに、どうなってもいいという気持ちになりました。

「もっと、もっとください……ああっ、加藤さんの硬くて大きいの、茉奈《まな》にいっぱいください……」

陶然《とうぜん》としながらうわ言のように言っているうちに、またイキそうになりました。床についている片脚に力が入らず、座り込みそうになってしまいます。

すると加藤さんが「ここに座って」と私を促して、つながったまま、便器の蓋の上に私が腰かける格好になりました。

私は脚を大きく開き、左右の壁に脚を突っ張った格好で、できるだけ奥まで加藤さんを受け入れました。

突かれるたびにおっぱいが弾んで、それを見る加藤さんの目がギラギラと光っていました。

例の奥さんの細い体ではエッチをしていてもこういう光景にはならないと思います。私のほうが元モデルのあんな女より魅力的なんだ。そう思いながら、自慢ではありませんが、肉厚な膣で加藤さんのペニスを食い締めました。

「くうっ、南さん……そんなにキツくされたら、イッちゃうよ！」

ひたいに汗をにじませた加藤さんが、ハアハアと喘ぎながら言いました。

私の気持ちとしては中に出してほしいところでしたが、さすがにそういうわけにはいきません。はにかみながら少しアソコをゆるめました。

そのかわり、もっと奥まで入れてほしくて、自分から後ろへ体を傾けて給水タンクに背を預け、そのままあおむけに近くなるほど倒れていきました。

加藤さんが「うむっ」と意気込みながらのしかかってきてくれ、ほぼ私たちは正常位の形で交わりました。

こうして下から見上げる加藤さんの顔、何度も想像してたんです。想像しながら一人エッチを繰り返してたんです。

そう伝えたいのをぐっとこらえて、快感に酔いしれました。

右脚の太ももに絡んだパンティや、空中で揺れる足先、そしてその先にある公衆トイレの天井……。

すべてが新鮮で、すべてが刺激的な光景でした。

加藤さんは、想像していた以上にテクニシャンで、こんな場所なのに抜き差しのテンポや角度などを巧みに変えて、私をゆっくりと、深い快楽に導いてくれました。

そのことに気がついたのは、彼が一気にスパートをかけてきたときでした。

ズチュッズチュッと大きな音を立てて、激しく真っ直ぐに突いてくるんです。

私はたちまち何も考えられなくなって、ただ喘ぎ悶《もだ》えるばかりでした。

「イクッ……あぁ、またイッちゃう！」

「ぼくもイキそうだよ、南さん……ああっ、あなたは最高だ！」

「すごいの……硬いのがグリグリしてるの！　あはぁ、イクッ、イクイクイクイクー
ッ！」

私はのけぞり、大きな波にさらわれるように、全身がエクスタシーで満たされていきました。

加藤さんは、私が絶頂に達したのよりも少し遅れて「出すよ……お腹にかけていいかい？」と、歯を食い縛りながら、ていねいに聞いてきてくれました。

「出して……いっぱいかけて！」

私は余韻の中でまたイキながら叫びました。その瞬間、加藤さんがサッと腰を引いて、私の体に熱いものをビュッビュッと打ち放ってきました。

狭い個室に私たちのエッチな匂いがムンッとこもって、湯気が立ちそうなほど暑くなっていました。

そんな中、加藤さんがトイレットペーパーを手にとって、愛の証《あかし》がベットリとかかった私の体を拭いてくれました。

その優しさに胸がキュンとなり、私は体を起こすとそのまま前屈みになって加藤さんの濡れたペニスをおしゃぶりしました。

拭いてくれたお礼に舌できれいにしてあげようと思ったんです。

「うっ……ああっ……」

加藤さんが切なそうな声を洩らして、また私の頭をなでてくれました。

すると、一度は萎《な》えかけたペニスがムクムクと元気になってきたんです。

何度も言うようですが、加藤さんのそれは、あの奥さんに対しては「役立たず」なんです。それが私には二度も大きくしてくれて、それどころかいまにも弾けそうになっていました。

私は張り切って頭を前後させ、生まれて初めてと思えるくらいていねいに舐め、頬をすぼめて強く吸い立てました。

「うくぅっ……南さん……ああっ、また出そうだ……」

加藤さんの引き締まったお尻を両手で抱えて根元までしゃぶり込み、咽喉《のど》まで使って締めつけました。

「い、いいのかい？　出るよ……ああイクッ！」

私はうなずく代わりに、頬の内側の粘膜でペニス全体を締めつけました。

そのとたん、私の口の中いっぱいに加藤さんの熱い迸《ほとばし》りが満ちてきました。私はそれをすべて飲み込み、最後にあらためてペロペロと舐めてペニスをきれいにしてあげました。

この日以来、私たちはときどき、この場所で秘密の行為にふけっています。

お互いに家庭を壊すつもりはないので、ホテルや自宅などではできないのですが、たまにトイレを替えたりはしています。

トイレを替えたのは新鮮な興奮を味わいたかったからではなくて、一度だけ行為の最中に人が入ってきたことがあったからでした。

私たちは個室の中、いわゆる立ちバックでつながっている状態でした。

加藤さんがラストスパートをかけてきて、私も声を抑えられずに「ああっ、ああんっ」とあからさまな声をあげてしまっていたのです。

もちろん、自分なりに声を殺したつもりだったのですが、トイレの建物内に人がいれば絶対に聞かれてしまう音量だったと思います。

突然そのとき足音がして、誰かが小便器のほうで用を足しはじめたんです。

私はすぐに黙りましたが、驚いたことに、加藤さんはスローペースになりながらも腰を動かしつづけてきたんです。

私はあわてて首を横に振ってやめてくれるようにお願いしたつもりでした。でも加藤さんの腰の動きは止まりませんでした。

もしかしたら気づかれてるかもしれないのに……。

人にバレてはいけない関係ということもあり、私の心臓はドクンドクンと高鳴って、いまにも壊れてしまいそうでした。

なのに、そういうときに限ってものすごく気持ちいいんです。

興奮も倍増して、止めてほしいのか続けてほしいのかわからなくなって、ただただ必死で声が出るのをこらえつづけていると、不意に加藤さんが私の中で達しました。

膣内で爆発したように脈打つ加藤さんのペニスと、薄いドア一枚を隔てたところにいる誰かの存在を感じ、頭も体も沸騰したようになって、私もその瞬間に絶頂に達してしまいました。

「ううっ、うううう一っ！」

どうしても洩れてしまううめき声と、踏ん張ろうと足踏みをしてカツカツと鳴ってしまう靴音が、ものすごく大きな音でトイレ中に響いているような気がしました。

結果としては、その誰かはあっさりと去って何事もなくすんだのですが、加藤さんの意外な大胆さを知って、ますます彼のことが好きになってしまった一件でした。

つまるところ、私たちは二人ともこういうスリリングでお下品なエッチが気に入っているんだと思います。その証拠に、いつも二回はエッチをしていますから。

また、私はあいかわらず日中に奥さんとランチをしているのですが、奥さんのマウンティングがまったく気にならなくなり、彼女にも優しくできるようになりました

それはそうですよね。こっちは旦那さんを寝取ってる立場なんですから……。

正直、罪悪感がないといったらウソになります。でもついでに主人のこともねぎらえるようになりましたし、以前よりもみんな幸せになっているのですから、自分から身を引くつもりは、いまのところまったくありません。

夏のアルバイトで雇った息子の友達と背徳の肉交を堪能する完熟淫ら妻

吉永ゆかり　ブティック経営　五十歳

大学生の息子を持つ五十歳の女です。とある地方都市で、小さなブティックを経営しています。

若いころからファッション関係一筋でやってきて、三十代の後半で店を立ち上げました。田舎ではありますがこのような仕事についている以上、同性からあこがれられる存在でありたいと思って生きてきました。その思いはいまも同じです。

五十路になっても、メイク、ファッション、美容のすべてに気をつかいながら日々を送っています。おかげさまで、実年齢を言うと大概の方がびっくりします。そんなふうに相手に驚いてもらえたとき、私は何食わぬ顔を装《よそお》っています。

でも、自分の努力が報われた気がして、内心ではとてもうれしいのです。

とはいえ、さすがにこの年齢です。老いを実感する淋しい瞬間がいくつもあるのは仕方のないことなのかもしれません。

仕事中心で生きてきたので、主人とは仮面夫婦状態です。十年以上前からセックスもなく、女としての人生をただプライドだけで支えている部分も、本音を言えばありました。

でも、そのことは誰にも知られたくはなくて。だからこそ、あのようなまちがいを起こすことになってしまったのだと思います。

きっかけは、息子からの頼み事でした。

「友だちが夏のアルバイトを探してるんだけど、母さんの店で使ってやってくれないかな」

ちょうど長年働いていた女性スタッフが結婚で辞めてしまって、私一人では心もとなかったところでした。とりあえずは夏休みの間だけということで、息子の同級生の長峰《ながみね》君を紹介してもらったのです。

実際に会ってみると、長峰君は身長百八十センチのハンサムな男の子でした。単に顔立ちがととのっているというだけではなく、華がありました。

この子は使える。一目見て、私はそう感じました。

うちのお店のお客様は、女性が中心です。それをもてなすスタッフも女性に受け入れられるタイプでないと難しいのです。長峰君は爽やかなだけでなく話し方もそつがなく、女性を喜ばせるセリフを嫌味なく言えるキャラクターでした。

これまで雇ったスタッフの中でも、いちばんいいスタッフかも。そんなことすら、私は思いました。そして予感は的中したのです。

うちのお客様は三十代から六十代くらいまでと世代の幅が広いのです。

でも、彼は年上の女性を扱うのがほんとうにじょうずでした。かわいがられるばかりか、彼を目当てに来店するお客様もいらっしゃるほどだったのです。

おまけに力仕事もできるので、私も日に日に彼を頼りにするようになりました。

ただ一点だけ、これは彼ではなく私のほうの問題だと、初めのうちは思っていたのですが、彼の私への距離感にとまどいを覚えることが、折に触れてありました。

すごく〝近い〟んです。物理的にも、精神的にも。

親しげに接してくれる彼に対し、年長者らしくさばけた調子で対応しながら、内心ドキリとするほど距離が近いと感じることが、けっして気のせいではなく、多かったのです。

息子の友だちとはいえ、常に男性と接しているのは私の心の張りにもなっていて、服装や仕草だけでなく、肌の艶《つや》にもそれははっきりとあらわれていました。

その自覚があったからこそ、どんなにドキリとさせられてもけっして表には出さないように気をつけていたつもりだったのですが。

「今日もおしゃれですね、店長」

「店長、今日は特に肌艶がいいんじゃないですか?」

長峰君はこんなセリフを、ことあるごとに私に言ったのです。困ったことに、彼が私の容姿をほめてくれるたび、つい本気でうれしくなってしまいました。

そして、仕事中の彼の若い体から発せられる甘い男の匂い。気にするまいと思っても、体が勝手に熱くなってしまうのです。

そして極めつけが、彼のさりげないボディタッチでした。ことあるごとに仕事中に私の体に触れてくるのです。もちろん、腰とかではありません。肩を少しとか、腕に少し触れるとかその程度ですが、それでもドキリとしてしまうのです。

こんな大年増がちょっと触れられたくらいで騒ぐのはおかしいと思い、常に余裕を見せてさばいているつもりが、明らかに高揚してしまったり……。

長峰君と仕事をするようになってから、無意識にしなを作っていたり、彼の視線を意識して少しでもセクシーに見せようとしている自分に気づくたび、私はプライドと羞恥心から激しい自己嫌悪に襲われました。

そんなある日、彼が私のそうした葛藤《かっとう》を本当はすべて見抜いていて、あえてそうしているのだと、はっきりと思い知らされる出来事が起こったのです。

それは、私が昔からのお得意様に接客しているときでした。

カウンターの中、お客様には見えないところで、長峰君の手のひらが私のお尻に触れてきたのです。気のせいではありません。お尻の肉をなで回し、つかんだのです。

お客様の手前、私は何も言えず、接客しつづけました。すると彼の手はスカートのスリットから内側にまで手を入れてきて、脚のつけ根にまで指を這わせてきたのです。

ストッキング越しでしたが、肌が反応しました。それを顔に出さないのがどれほどつらかったか。少し声が上ずったりする私を、長峰君は何食わぬ顔で見ていたのです。

過去にもきわどいボディタッチは何度もありました。それでもいやらしい気持ちでしたことではないのだろうと、私はスルーしてきました。それは、彼が私を女として見ているなんてことがあるはずはないと、自分を律するためでもありました。

だから、これまで黙認してきた私にも非はあるのですが、このときのそれはあきらかな痴漢行為。もしくは愛撫でした。

お客様が帰られたあと、私は彼をバックヤードに呼んで叱責《しっせき》しようと思いました。

でも、できなかったのです。すぐに次のお客様がいらしたということもあったのですが、もし彼の行為を咎《とが》めたら彼にクビを言い渡さなければならず、それは避けたいと思う気持ちもあったからです。

そして、その日の閉店後。シャッターを閉めるなり、長峰君は背後から私の体を抱き締めてきたのです。その瞬間、私の全身がカアッと熱くなりました。

彼にしてみれば、あんなことをしたのにいっさい咎められなかったのですから、当然の行為だったのでしょう。このときに毅然《きぜん》とした対応をしていれば、また違った展開になっていたのかもしれません。

それなのに私は、ほてった体を隠したいがために、この期《ご》に及んで抵抗らしい抵抗もせず、冗談めかして彼をやんわり諭《さと》そうとしました。

「何をするの……こんな、おばあちゃんに……ああっ！」

長峰君の手が、私の胸に触れてきました。

服の上からではありません。ブラウスの胸元からいきなり、狙いをすまして手を侵入させてきて、ブラと胸のすき間に指を入れ、乳首にまで触れてきたのです。

「んっ、あっ……はっ……んん！」

ほかに誰もいない場所で、ようやく声を出せることを喜んでいる自分自身にびっくりしました。長峰君の愛撫に、私の肉体が喜んでいたのです。

「店長だって、喜んでたでしょ……さっきだって」

長峰君の荒い息が、私の顔にまで吹きかけられます。興奮しているのが、肌で直接伝わってきます。やはり、さっき私が何も言わなかったことが、オーケーのサインとして受け止められてしまったのです。

「ダメ……やっ、あはあ！」

長峰君の指先につままれた私の乳首が硬くしこっていきます。無理もありません。こうやって男性から愛撫を受けるのが、もう十年ぶりのことです。

込み上げる快感と戦っているすきに、長峰君は反対の手で私のスカートをめくり上げてきました。黒いストッキングにかけた指先が乱暴におろされて、ビリビリに裂けて肌が露《あらわ》になってしまったのです。

「いやっ！」

私は思わず両手で股間を隠しました。しかしその仕草がかえって長峰君の嗜虐心《しぎゃくしん》を刺激してしまったのでしょうか。彼はさらに乱暴に私の手を振り払って、私の股間に顔を近づけてきたのです。

「やめて……ああっ！」

それきり、私の声はかすれて出なくなっていました。

長峰君の舌が、私の核心に触れてきたのです。ずらした下着の脇の部分に舌を忍び込ませ、私の太ももをがっちりと強い力で固定したまま、直接、生の舌を性器に突き挿《さ》してきます。

私は声も出せず、ただ、はあはあと荒い息を立てていました。

自分の城であるこの小さな店内で、息子と同じ年の若い男から辱《はずかし》めを受けている。そんな自分自身の姿に、打ちのめされました。

深く膣内に挿したあと、長峰君の舌先はクリトリスを特に執拗《しつよう》に責め立てました。

「ふう、んん……店長、ここが気持ちいいんでしょう？」

長峰君は挑発的な笑みさえ浮かべて、舌責めの間にときおりこちらを見上げます。

相手は息子の友人、こんな仲になっていい相手じゃない。頭ではそうわかってはいても、長年淋しさをかこってきた体は残酷なまでに反応を示してしまうのです。

傷つけられたプライドも、羞恥心も、快楽に溶けていきました。

「よ……よして……こんなこと……ああ、ああ……」

がくがくと脚が震えました。口でなんと言おうとも、私が彼からの責めに感じていることは隠しようもなくなっていました。

どれほどの時間そうしていたでしょうか。長峰君はようやく私の性器から口を離すと、そのまま私の唇を奪ってきました。濡れた舌先が私の口の中に入ります。

「んん……」

さっきまで自分の性器に入っていた舌です。濃厚な風味を感じました。それは私自身の性器の味と匂いだったのでしょうか。興奮した私は、いつしか自分から舌を絡ませむさぼっていました。

果てることのないディープキスを交わしている間も、長峰君の指先はふやけたようになった熱い性器をまさぐり、かき回してきます。

「こんなに濡らしちゃって……店長、欲しいんでしょう?」

長峰君の言葉に、私はつい、うなずいていました。

私は、長峰君に裸にされました。

服を脱がされたという意味ではありません。これまで取りつくろっていた年長者としての余裕も、威厳も、何もかも剝ぎ取られてしまったという意味です。

長峰君は私に後ろを向かせて、カウンターに両手を突かせました。

「ん……ああっ!」

こちらに考える余裕を与えないかのように、長峰君は一気に私を犯しました。

指ではなく、いきなりペニスを突き立てたのです。

「あっ、あっ、あっ！」

前後に揺さぶられる私の体を味わうように、長峰君は私の着ているものを脱がしていきました。背後から犯しながら脱がしたのです。

そしてピストンに合わせて、揺れる乳房を味わうようにもんできました。

「……店長、ずっとこうなりたかったんでしょ？」

長峰君の問いかけに、私は頭を振ってうなずいてしまいました。

目に涙が浮かびました。口惜しかったのではありません。久しぶりに味わうペニスの気持ちよさに泣いてしまったのです。

長峰君のペニスを、自分の性器が、驚くほど強く締めつけているのが自分でもわかりました。濡れたその部分が、グチュグチュと音を立てているのがわかりました。

「出る……出すよっ！」

長峰君はそう言って、私の破れたストッキングにかろうじておおわれた脚の上に白濁した体液を放出しました。

私自身もその瞬間に、半失神状態でオーガズムに達したのです。

こうして、私は息子の同級生と禁断の関係を持ってしまいました。

夫にはもちろん、息子にも、誰にも知られるわけにはいかない関係です。こんな若い男の子と、自分の年齢も顧みずに。しかし、関係に溺れたのは私のほうでした。

ひとたび長峰君と関係を持った私は、もうでくの棒でした。彼の雇い主として、女として、隠しておきたかったものをすべて暴《あば》かれてしまったのです。

私自身が長峰君を求めているということも、こんな年齢なのに性欲が衰えていないという恥ずかしさも、何もかもです。

私は、ただの淫らな年増でしかなくなっていました。


その翌日から、長峰君と私の主従関係は一変してしまいました。

もちろんお客様相手の商売ですから、表向きはそれまで同様に、店長とスタッフの関係です。しかしその裏では、完全に長峰君の支配下に置かれていたのです。

カウンターの後ろで、接客中の私にイタズラするということは、それからも何度もくり返されました。そしてそのたび、私は何喰わぬ顔でお客様の相手を務め、ときに声を出しそうになりながらも長峰君の指責めに耐えたのです。

しかも困ったことに、それをされるのが迷惑なのではなくて、私自身もうれしがってしまっていたのです。隠れてこんなことをするのが、快感だったのです。

完全に、私のほうが長峰君に溺れていました。

こんな歳になって、恋い焦がれるなんて自分でもおかしいと思います。でもそれを理性で止めることは、私にはもうできなくなっていたのです。

私がこんなふうに恋に溺れるなんて、年齢的にももう最後のことでしょう。

しかし、長峰君にはいくらでも相手がいます。同年代の女の子との楽しいひとときも、いくらでも手に入るでしょう。でも私には後がないのです。

知らずしらずのうちに私は卑屈になり、従順な奴隷のようになっていきました。

毎日のように、シャッターを閉めたあとの店内で、長峰君と私は関係しました。

仕事のあとに交わることばかり考えて一日じゅう体をほてらせ、仕事よりも彼との行為のことばかり考えていました。私は、ただのあさましいメスのケダモノでした。

ある日の終業後も、私はいつものように長峰君と関係していました。

そのとき長峰君は、王様のように椅子にもたれかかり座っていました。剝き出しのペニスを私に向かって突き出して、座っていたのです。

私はその前にひざまずいて、顔を長峰君の両脚の間に埋《うず》めていました。

そしてクチュクチュといやらしい音を立てながら、若々しいペニスに舌先を絡めていたのです。私はていねいに、献身的に舐めていました。しかし長峰君は退屈そうにこう言ったのです。

「……なんか、もう、あんまり気持ちよくなくなってきたな……飽きたっていうか」

その言葉は、私にとって大きなショックでした。もしかしたら捨てられるかも。あせりのあまり、私はこんな言葉を口走っていたのです。

「き……気持ちよくなること、なんでもしてあげるから……そんなこと言わないで」

狼狽《ろうばい》する私を見て長峰君はニヤリと笑いました。そして立ち上がって自分のバッグのところまで行って、何かを取り出したのです。

「じゃあ、これ使ってみて」

私に見せてきたのは、バイブレーター。大人のおもちゃでした。

これを使って責められるのかと思ったら、意外なことを言われました。

「店長、これを使って、自分で気持ちよくなってくださいよ」

長峰君が見ている前で、おもちゃを使って自慰行為をしろと言ってきたのです。

拒否しようと思いましたが、できませんでした。長峰君に捨てられるのが、怖かったからです。

私は恐るおそる手を伸ばして、おもちゃを手に取りました。そして自分のスカートをめくり上げて、下着越しに先端を当てたのです。

「んっ……」

ペニスをかたどった先端、亀頭の部分をクリトリスにあてました。

たったそれだけでも、恥ずかしくてたまりませんでした。このときまで、こういったセックスグッズを使った経験はありません。初めての経験です。

でも、長峰君は不服そうな表情を浮かべています。

「それだけじゃつまんないですよ。ちゃんと、スイッチを入れて」

私はおもちゃのスイッチを探って、それを入れました。とたんに、これまで感じたことのない刺激に、全身を貫かれました。まるで雷に打たれたみたいでした。

「ふあっ、ああ、あ……ん！」

あまりにも大きな声が出そうで、私は思わず自分の口を手で押さえました。長峰君はそんな私を見て、とてもうれしそうな顔をするのです。

「おお、すごくいいですね……興奮しますよ」

そんな言葉をかけられると、私はうれしくなってしまうのです。長峰君に、もっと自分の姿を見て興奮してもらいたいと、心からそう思いました。

私はパンティを脱いで、直接、自分の性器に先端を当てました。すでに熱くふやけたように濡れていた左右の肉ヒダが、自分から吸いつくように震動するおもちゃを呑み込んでいきました。

「あっあっ、あっあっ！」

内側から感じる震動は、外から感じるのとはまるで違いました。

絶え間なく責め立てられるこの感覚は、生身のペニスのピストンで得られる快感とはまるで違います。自分が自分でなくなるような、まるで拷問のような快楽です。

でもその快楽を、私は自分自身の手で自分に与えているのです。そしてその淫らであさましい姿を、息子と同い年の青年に、見られているのです。

その事実に、ゾクゾクするような快感を覚えました。自分の城を持ち、気丈にふるまっていた私ですが、結局はマゾヒスティックなただのメス犬だったのです。

「ほら、もっと開いて、こっちによく見せてよ」

長峰君は私を見おろしています。

オナニーを他人に見られるという恥ずかしさに、バイブレーターの震動以上に感じてしまっている自分に愕然としました。

どんどん気持ちよくなって、バイブレーターを動かす手が止まらないのです。

「あっ、はっ、ああん！」

前後に動かして、男女の営みを再現しました。

むなしいのに気持ちよくてたまらない、こんな姿を見られるなんてことが自分の人生に起こるなんて、想像もしていませんでした。

「お願い！　はやく、本物を……」

私は長峰君に懇願しました。年長者の威厳どころか、人間としての尊厳すら失っていました。

「じゃあ……後ろ向きになって、床に手を突いてください」

長峰君に言われたとおりにしました。誰も見ていないとはいえ、自分の店の中で、犬のように四つん這いになって、お尻を向けたのです。

しかも私の性器にはバイブレーターが突き刺さったままでした。手を離しても落ちないくらい、深く突き刺さっていたのです。

「すごい格好になってますよ……」

嘲笑《あざわら》うような長峰君の声が後ろから聞こえてきます。たぶん本人にはそれほど悪意があるわけでもないのでしょう。私は泣き出しそうになりながらも、これから本物のペニスをもらえる期待に震えていました。

「あっ！」

長峰君の手が、私の性器に埋まっているバイブレーターをグイッとつかんだのが、感触でわかりました。

つかまれたバイブレーターが、前後にゆっくり動かされます。その動きに合わせて私の口から吐息とも喘ぎともつかない声が洩れ出ました。

「あっ、おっ、お願い、やめて……あぁんっ！」

私の性器から異物が抜き取られました。そして、そのままの姿勢で、後ろから犯されたのです。四つん這いだから相手が見えないせいで心の準備ができず、不意打ちのような快感に襲われました。

貫かれた性器から、全身へと快感が広がります。下半身の奥からこみ上げるように絶頂の兆しが近づいてきます。

「痛いっ！」

思わず悲鳴をあげました。いきなりお尻に痛みが走ったのです。

長峰君がお尻の肉に平手打ちをしてきたのです。何度も、何度も……。叩いている間も、長峰君はずっと腰を前後に動かしています。そして私自身も痛みと快感が混じり合うその状態に、甘美な感覚を抱いていました。

「んん……ああ！」

長峰君も興奮しているみたいでした。私はそれをうれしく思いました。

長峰君が背後からおおいかぶさるように私を抱いて、四つん這いで下に垂れた乳房を乱暴にもんできました。そして、乳首を痛いほどつままれました。

でもそんな暴力的なセックスに、私自身が酔いしれていたのです。

私はこの日も、半失神状態で絶頂しました。長峰君の精液が自分のお尻にたっぷりとかけられたのを、その熱さで感じました。

「ああっ……だめえ!!」


私の年齢で耐えられるギリギリのセックスだったと思います。行為の最中に、このような戦慄にも似た感覚を覚えたのは、初めてのことでした。

私はもう、長峰君とは離れられない、という気持ちになりました。

でも彼と私の関係は、あっけなく終わりを告げたのです。夏休みが終わると同時に彼はこちらが驚くほどドライに去っていきました。

もちろん、誰にも口外だけはしないように、お願いしています。でもあの夏、私の体に刻まれた戦慄にも似た記憶は、いまだに消えてはいないのです。

この戦慄は罪悪感なのか、それとも違う何かなのか。半年以上がたったいまも、心の整理をつけられないままでいます。

花火大会の人混みで衝撃の痴漢プレイ 疼く女芯が目覚めてしまう貞淑妻

田川芳子　会社員　五十四歳

ある地方の片田舎で、俳句の同好会に入っています。会員は十五名ほどのアットホームな感じで、とても楽しく俳句を楽しんでいたんです。

その中でも佐久間《さくま》さんという二つ年上の男性とウマが合い、よく冗談を言い合っていました。

彼は妻子持ちで、自動車整備の工場を経営しています。

去年の夏のこと、吟行《ぎんこう》を兼ねて会員たちと花火を見にいったときのことです。

とにかくものすごい人出で、俳句どころの騒ぎではなく、男の人たちはお酒のほうに夢中でした。

佐久間さんからもっと近くで見ようと連れ出されたものの、川沿いは大混雑。それでも、しばらくは豪華絢爛《ごうかけんらん》な花火に見とれていました。

「きれいだわ」

「確かに。でも、これだけ混み合ってると、風流を楽しむというわけにはいきそうもないね」

「そうね。全然、いい句が浮かんでこないわ」

あとから来た見物客に押され、佐久間さんが体を寄せてきました。

そのときはそれほど気にならなかったのですが、突然、お尻をさわられる感触に息を呑んだんです。

まさかと思いつつ、肩越しに様子をうかがうと、佐久間さんがぴったり張りつき、右肩がかすかに動いていました。

まさか痴漢行為を仕かけてくるとは夢にも思わず、顔がカッと熱くなりました。

周りに気づかれることを怖れて声を出せず、お尻を振って拒絶したのですが、大きな手はいっこうに離れず、遠慮なくなで回してきました。

ヒップをもみしだき、はたまたギュッギュッとつかまれ、悪酔いしているのか、からかっているのか。やがて手の感触が失せてホッとしたのも束の間、さらに予期せぬ出来事が起こりました。

下腹部がスースーしはじめたと思ったら、なんとワンピースのすそをたくし上げられ、手のひらが太ももを這いはじめたんです。

とっさに足は閉じたものの、不埒《ふらち》な指はためらうことなく股のつけ根に侵入してきました。

「や……やめて」

さすがに小声で拒否したのですが、今度は腰のあたりに硬いモノを押しつけられ、腋の下がじっとり汗ばみました。

逃げ出したくても、多くの人に周りを囲われているため、ただじっとするしか手立てがなかったんです。

ショーツ越しとはいえ、指先が割れ目をなぞるようにスライドし、佐久間さんの荒い息が頬をすり抜けました。

「あっ！」

とたんに快感が身を貫き、背筋がゾクゾクしました。

子宮の奥がキュンとしてしまい、あろうことか、あそこから愛液がにじみ出てしまったんです。

こんな状況で快感を得られるとは信じられなかったのですが、指は繊細な動きを繰り返し、敏感な箇所を集中的に責めたてました。

ショーツのクロッチはあっという間にぐしょ濡れになり、私は身動きもできずに快楽を受けとめていました。

「はあはあ……」

自然と熱い溜め息がこぼれ、頭の中が真っ白になりました。

牝の本能がすっかり頭をもたげ、久しぶりに味わう性の悦びにどっぷりひたっていたんです。

「田川《たがわ》さん、すごい……グショグショだよ！」

耳元でささやかれただけで体が反応し、まるで性感帯を剥き出しにされたかのような状況でした。

「あ……んっ」

指がショーツのすそからすべりこみ、あそこを直接刺激してくると、全身の血が沸騰するような感覚になりました。

恥ずかしながら、私は無意識のうちに佐久間さんの股間を握りしめてしまったんです。彼のペニスはコチコチの状態で、まるで鉄の棒が入っているかのような感触だったんです。

夫とはもう十年近く夫婦の営みがないのですが、四十路を過ぎてからはいつもフニャフニャで、こんなに硬くなったことは一度もありません。

びっくりすると同時に、胸が妖しくざわつきました。

「ん、むむっ」

軽くなでただけで、佐久間さんは気持ちよさそうな声をあげ、ペニスが手の中で跳ね躍りました。

その反応が素直にうれしくて、私も一人の女に戻っていたのだと思います。

「……ひっ」

クリトリスをいじり回していた指が膣内に差しこまれると、私は口元を片手で隠し、両目をかたく閉じました。

膣の上部にある性感ポイントを押し回されるたびに、めくるめく快感が押し寄せ、気が遠くなるような浮遊感が全身をおおい尽くしていったんです。

指の動きはますます激しくなり、股のつけ根からぐちゅぐちゅと卑猥な音が洩れ聞こえていました。

幸いにも花火の音でかき消されましたが、私は嬌声をこらえることだけに神経を集中させていました。

「すごいな、ぬるぬるだ」

「あ、あ……だめ……だめ」

絶頂の声を必死に押し殺すなか、溢れ出た愛液はショーツからにじみ出し、内腿のほうまで垂れ滴《したた》っていました。

「あ、イクッ……イクッ！」

衆人環視の中で、私はついにエクスタシーに昇りつめてしまったんです。

佐久間さんは膣から指を引き抜き、ふらつく体をすばやく支えてくれました。

「たまらないよ。俺の作業場に行こう」

彼の仕事場は川沿いから歩いて十分ほどの場所にあり、事がうまく運べば、最初から連れこもうと考えていたのでしょう。そのときの私は意識が朦朧《もうろう》としており、拒絶もせずにうなずいたのではないかと思います。

佐久間さんに手を引っぱられる最中、快楽の余韻は消え失せず、雲の上を歩いているかのように足元が定まりませんでした。

目的地に到着すると、彼は鍵で扉を開け、室内の照明をつけたあと、広い作業場の奥にある事務所に向かいました。

「汚いとこだけど、入って」

事務机と端に置かれた簡素なソファセットが目に入った瞬間、彼は振り返りざまに私を抱き締め、愛の言葉をささやいたんです。

「初めて会ったときから好きだったんだ」

「ま、待って。やっぱり、戻ったほうがいいんじゃないかしら」

「どうして？」

「だって、みんなが心配するし……ん、むふぅ」

唇で言葉を遮られ、口の中に分厚い舌がもぐりこんでくると、猛烈な勢いで唾液と舌を吸われました。

胸が甘くときめき、私自身も自制できずに舌を絡ませて、激しいディープキスを返していたんです。やや薄れかけていた性感が回復の兆しを見せ、女の園がまたもやひくつきはじめました。

下腹に押しあてられたペニスの硬さが逞しく、一刻も早く疼く肉体を慰《なぐさ》めてほしいという気持ちに駆り立てられました。

そのままソファに押し倒され、互いに唾液を交換するなか、彼の手がまたもやワンピースのすそをかいくぐりました。

「ん、んふっ!?」

ショーツを引きおろされた瞬間、猛烈な羞恥心に襲われ、私はあわてて唇をほどきました。

あそこは大量の愛液で汚れているのですから、当然のことです。

「だめ、だめっ」

「もう我慢できないんだ！」

手で制したものの、男の人の力には敵《かな》わず、ショーツが引きおろされ、足首から抜き取られました。

「いやっ」

ガバッと足を広げられたとたん、佐久間さんは身を屈め、隠す間もなく股間に顔を埋《うず》めてきたんです。

「ひいっ！」

巨大な快感が身を駆け抜け、私は大きくのけぞりました。

「き、汚いわ」

「田川さんの体に、汚いとこなんてないよ」

「やぁぁっ！」

ナメクジのような舌が割れ目を舐め上げるたびに性感覚が研ぎ澄まされ、私は自分でも気づかないうちに、あんあんと甘え泣きをあげていました。

「ああ、田川さんのおマ○コ、おいしいよ！」

「や、やめて……」

「ふふっ、体はそう言ってないみたいだけど。甘ずっぱくてしょっぱくて、とろとろの汁が止まらないじゃないの」

いやらしいセリフが耳に飛びこむと、なおさら昂奮してしまい、愛液の湧出《ゆうしゅつ》が止まることはありませんでした。

彼の口戯はねちっこくて、まさに身も心も蕩《とろ》かされる感覚だったでしょうか。

クリトリスを陰唇ごと口の中に引きこみ、ジュルジュルとすすられたとたん、私は二度目のエクスタシーに導かれてしまったんです。

「あ、あ、あふぅ……」

「さすがは熟女。感度は抜群だ。最初からわかってたんだよ。田川さんは、エッチが好きな女性だってね」

彼の言葉を遠くで聞きながら、私は快楽の余韻にひたっていました。

久方ぶりに味わう女の悦びに、正常な思考はまったく働かず、女の本能だけに衝き動かされていました。

しばしうっとりしていたところ、衣擦れの音が聞こえ、目をうっすら開けると、佐久間さんはシャツとズボンを脱ぎ捨てていました。

トランクスの前は大きく膨らんで、私の顔を突き刺すような昂《たかぶ》りを見せていたんです。

「ほら、見て。こんなになってるんだから」

「……あぁ」

下着がめくりおろされ、ペニスがビンと弾け出ると、私はあまりの逞しさに圧倒されました。

夫より一回りも二回りも大きいペニスは力強く反り返り、下腹にべったり張りついていたんです。

陰嚢もいなり寿司のように大きく、いまにして思えば、この歳になっても性欲が衰えないのは仕方ないことだったのかもしれません。

「田川さん。今度は俺のほうを気持ちよくさせてくれよ」

「……え？」

「やだな。とぼけないでよ」

佐久間さんはそう言いながら私の手を引っぱって起こし、眼前にペニスを突き出しました。そして、ペニスを軽やかにしごきはじめたんです。

「あ、あぁ」

いやらしい光景を目の当たりにした私は、知らずしらずのうちに熱い吐息をこぼしていました。

この巨大な逸物で身を貫かれたら、どれほどの快楽を与えてくれるのか。女の淫情をほとばしらせた私は、はしたなくも舌で唇をなぞり上げていました。

「さあ、しゃぶって」

腰がグイと突き出されると、汗臭い匂いがただよい、頭の中が甘くしびれました。

私はゆっくり手を伸ばし、太い幹に指を絡め、ペニスの切っ先を瞬《また》きもせずに凝視したんです。

スモモのような亀頭、がっちりしたカリ首、いまにも破裂しそうな青筋に加え、熱い脈動が手のひらに伝わり、膣の奥からまたもや愛液が噴き出しました。

軽くしごいただけでペニスは激しくしなり、尿道口から透明な汁がにじみました。

「早くしゃぶって!」

せっつかれた直後、私は顔を近づけ、舌を口から差し出して裏筋を舐め上げました。

ぬらぬらと照り輝くペニスの、なんと卑猥なことだったか。胸が締めつけられ、心臓が口から飛び出そうな感覚でした。

「いいね……田川さん、すごくうまいよ」

「は、んんむっ」

縫い目からカリ首をチロチロとなぶり、ソフトなキスを何度も浴びせたあと、私はペニスを真上からがっぽりと咥えこみました。

「お、おう……そうだ。たっぷり唾を垂らして」

言われるがまま、大量の唾液をまぶして唇をすべらせると、佐久間さんは切羽詰まった声をあげました。

「はあぁ、き、気持ちいい。すぐに出ちゃいそうだ」

あまりの大きさに、とても全部は咥えこめません。ペニスの先端から中途までのスライドで刺激を与えると、おチ○チンが口の中でのたうち回りました。

熱く脈動する逞しさがうれしくもあり、私は懸命な口戯でペニスをおしゃぶりしていったんです。

「ああ、チ○ポをしゃぶってる田川さんの顔、なんていやらしいんだ……」

「んっ、んっ、ふんっ」

「おおっ、もう我慢できん!」

「きゃっ」

佐久間さんは口からペニスを抜き取り、おおい被さってきました。

ソファにあおむけに倒れこんだ直後、凄まじい圧迫感が下腹部を襲い、思わず目を見開くと、彼はすでに足の間に腰を割り入れていました。

恥部に目を向ければ、亀頭が膣口をくぐり抜けず、かすかな痛みさえ感じました。

子どもを生んでからは経験したことのない事態に、私はひたすら驚くばかりでした。

「あ、あ……」

「むむっ、キツい」

「だ、だめ、無理よ」

「これだけ濡れてるんだから、大丈夫だよ。もっと力を抜いて」

「……ひっ！」

カリ首が埋めこまれた瞬間、ペニスは勢い余ってズブズブと埋めこまれ、痛みに代わって巨大な快感が身を貫きました。

「あ、あぁあっ！」

「ほうら、チ○ポが田川さんのおマ○コの中にずっぽり入ったぞ」

亀頭の先端が子宮口に届き、体の芯がジンジンと疼きました。

軽いスライドから本格的な腰の打ち振りが開始されると、快感はうなぎのぼりに上昇し、意識せずとも口からはしたない言葉が洩れました。

「ああ、いいっ、いいっ、すごい！」

佐久間さんは、セックスによほどの自信があったのだと思います。

余裕綽々《よゆうしゃくしゃく》の表情からマシンガンのようなピストンを繰り出し、ときおり腰をくねらせては、きりもみ状の刺激を吹きこみました。

あんな気持ちのいいセックスをしたのは、生まれて初めてのことだったかもしれません。

私は顔を左右に振り、絹を裂くような悲鳴をあげていました。

「いや、いやぁぁっ！」

「いや、じゃなくて、もっとして、だろ？」

「んっ！　くふぅっ」

佐久間さんはニヤリと笑い、腰のスライドをさらに速めました。

バチーンバチーンとヒップを打ちつける音が事務所内に反響し、結合部からは卑猥な音が途切れなく響き渡っていました。

そして何度か軽いアクメに達したあと、ついに巨大な快楽の高波が怒濤《どとう》のように打ち寄せてきたんです。

「あ、あ……あたし……もう我慢できない！」

「いいぞ。何度でも、イカせてやるから」

「あ、ふわぁ」

佐久間さんはここぞとばかりに、猛烈なピストンで膣肉を掘り起こしました。

私は彼にしがみつき、腰に両足を絡めて、快楽を全身全霊で受けとめたんです。

「おおっ、すごい締めつけだ！　チ○ポがとろけそうだよ！」

「ああ、いやぁぁ！」

自ら腰をくねらせ、ペニスを引き絞った瞬間、今度は佐久間さんが大きな声をあげました。

「あ、イクっ、イッちまう！」

「出してっ！　中に出してぇ！」

私はすでに閉経を迎えていたので、中に出されても何の問題もありません。

牡の証《あかし》をじかに受けとめたいという思いから金切り声で訴えると、佐久間さんは腰をガツンと繰り出し、ペニスを派手に脈動させました。

熱いしぶきの感触を受けたとたん、天に舞いのぼるような感覚が襲いかかり、この世のものとは思えない快楽に包まれました。

「イクッ、イクッ、イクイクッ、イックゥゥッ！」

絶頂を迎えた私は彼にしがみつき、全身をガクガクとふるわせたんです。

結局、一回だけの情交では終わらず、私たちはインターバルを置かずに二回戦に突入し、獣のように快楽をむさぼり合いました。

本来なら、このまま背徳的な関係を続けることになるのでしょうが、素に戻ったあとは互いに気まずくなり、私は結局、サークルを辞めてしまいました。

でも本音を言えば、佐久間さんにのめりこむことが怖かったんです。それ以来、彼には会っていません。

ママ友の旦那から猛烈に求められ子供たちが眠る隣室で初めての絶頂

本庄愛子　専業主婦　三十二歳

裕人《ひろと》くんと私の娘の愛未《まなみ》は、保育園の同じリス組での仲よしですが、まさか私が裕人くんパパと秘密の関係を持つことになるとは思ってもいませんでした。

裕人くんママは第二児を妊娠していて、その出産のために一週間の入院中でした。

私も病院にお見舞いに行き、そのときに、何かできることがあったら手伝うからと約束していました。

そんなことから、保育園のお迎えの際に会ったときに、夕食の支度をしましょうかと持ちかけたのです。

私の夫は夜勤が多く、夕食は外で食べるのが常で、いつも娘と私二人でしたから、裕人くんといっしょなら娘も喜ぶかと思ったのです。

その日は、私が裕人くんのお宅にお邪魔して食事の支度をし、みんなで楽しく食事をしました。子どもたちは食後も遊びつづけ、私も帰りそびれて、裕人くんパパにつきあって、お酒を少し飲んだりしていました。

子育てのあるある話や、夫婦間の愚痴などを話し合っているうちに、気がつくと子どもたちは寝入っていました。その後、申し訳ないと思ったのですが裕人くんのベッドの横に布団を敷いてもらい、そのままお泊りすることになりました。

私としては、娘を預けて自分だけ帰宅して翌朝に迎えにくるつもりだったのですが、飲みはじめたお酒につきあう格好で、そのままおしゃべりを続けました。夫が夜勤から帰るのは明け方でしたので、それまでに帰ればいいという意識でした。

裕人くんパパに好意は持っていましたが、まさかセックスすることになるとは思っていませんでした。だから彼がいきなり背後から抱き締めてきたときは驚きました。

「酔っ払わないでください。奥さんとまちがえちゃいましたか？」

私は冗談めかしてそう言いながら身をよじりましたが、裕人くんパパは離れるどころか、そのままキスをしてきたのです。

妊娠がわかってからは、裕人くんママに拒否されて、ずっとご無沙汰だということでしたので、きっと溜め込んでいたのでしょう。

「私です。愛未ちゃんママですよ。裕人くんママは入院中でしょ？」

私は顔をそむけて両手を突っ張り相手の体を引き離しましたが、キスされたばかりの唇は熱くほてって、正直もっとキスされることを求めていました。

そんな内心を見透かしたように、裕人くんパパは私の肩をつかんで離してくれませんでした。

「そんなこと、わかってますよ。俺は、あなたとキスしたいんだ」

そう言うと、再び顔を近づけてきます。そむけた顔の頬に手を当てられ正面を向かされました。

「あ、だめ。だめですよぉ……」

肩に回された裕人くんパパの腕の力は意外にも強く、私の頬とあごをつかんだ手も力強いものでした。

男の人の力強さです。その力強さに私の女の部分が反応してしまったみたいでした。

もう顔をそむけることもできずに、裕人くんパパのキスを受け入れていました。

酒臭い、男臭い唇が押しつけられました。

「はぁむぅう……」

かたく結んだつもりの唇が割られ、裕人くんパパの舌が入ってきました。

「はぁあぁあああ……」

舌を絡め取られ、唾液が吸い上げられ、同時に相手の唾液がこちらに流れ込みます。そんな、下半身をとろけさせるような情熱的なキスは、ほんとうに久し振りでした。夫とは毎日のようにキスはしますが、唇が触れ合うだけの挨拶キスです。月に一度か二度のセックスの際にも、キスはおざなりでした。

魔が差した、とでも言うのでしょうか。お酒のせいもあったと思います。ああ、このまましちゃうのも仕方ないかも。私はそんなふうに思ってしまったのです。

キスをしながら、男の人の無骨な手が、私の体中をまさぐりました。薄いシャツの布地の上からそんなふうにされると、あちこちの敏感な神経が反応しました。

「あ、ああ、あん、あ、そんな、いや。や、やめて、ください……」

言葉ではいやがるようなことを言っていましたが、心の中では裕人くんパパの指を歓迎していました。

あたりまえのことですが、結婚以来、夫以外の男性とそんなことをしたことはありません。というか、結婚前にだってそんなに多くの人と経験したことはないのです。

夫以外の手でまさぐられる、その感覚は新鮮で、同時に背徳感に満ちていました。

「ああ、だめ。そんな。あぁあ、あ、あんん！」

気がつくと私のシャツは脱がされていて、背中に回された指先がブラジャーのホックをまさぐっていました。

ぷちんとホックの金具がはずれて、私もいよいよ観念するしかありませんでした。私の豊満な乳房が、裕人くんパパの目の前にさらされました。

「あ、いや……」

思わず腕をかき合わせて隠そうとしましたが、すかさず手首を握られて、開かされてしまいます。

男の人の目の前に乳房をさらすのが、こんなに恥ずかしいことだったなんて。そんな感覚もずっと忘れていました。夫に見られることに慣れて、いまさらなんとも思わなくなっていました。

「隠さないでください。見たいんだ！　いつも保育園で愛未ちゃんママを見かけるたびに、あの服の下にはどんな体が隠されているんだろうって、ずっと想像していたんです」

「そ、そんな。恥ずかしいです……」

羞恥心が、よりいっそう私の下半身を熱くとろけさせました。アソコからじわじわといけないお汁がにじみ出すのが自覚できました。

「想像していたより、ずっときれいだ」

そんなことを言われて、私はもう夢見心地でした。胸を隠そうとする腕から力が抜けました。

すかさず裕人くんパパが、私の乳房に手を伸ばします。下から優しく包み込むようにして、指先で乳首を刺激します。

「あふぅん！」

ダイレクトな感覚に、思わず声を洩らしてしまいました。

「エッチな声、出てますよ？」

指摘されるまでもないことでしたが、わざわざ口に出して言われることで、また羞恥心が沸き起こります。

「ああ、そんなこと、言わないでぇ……」

くりくりと指先が執拗《しつよう》に乳首を刺激します。私の乳首は充血して大きく硬くなり、表面張力で神経がより敏感になりました。

「あん、あんん、あふぅうんん！」

裕人くんパパが私の乳房にむしゃぶりつきました。唾液で密着度が増し、口の中に吸い込まれた乳首が舌先でいじられます。

「あああ！　あんんんぁあああ！」

背筋がのけぞるほどの快感でした。

「気持ちいいんですね？」

私は恥ずかしいと思いながら、ついうなずいてしまいました。

「はい。気持ちいいです。すごく、気持ちいいんです……」

裕人くんパパの手が下半身に伸び、スカートの中に侵入してきました。

「あ、そっちはだめ。そこは、ほんとうに、やめてください……」

弱々しくそう言いましたが、聞き入れてもらえるはずがありません。

「だって、気持ちいいんでしょう？　もっと、気持ちよくなってほしいんです」

手指が内腿をまさぐり、股間の中心へ向かいます。

彼の手首をつかんでみても、力でかなうわけもなく、やめてほしい気持ちと、歓迎する気持ちが行ったり来たりする状態では、本気で抵抗することもできません。

私の手は無慈悲に払いのけられて、彼の指先が股間に伸びて、割れ目をなぞります。

「はぁああんん！」

私は喘ぎ声をあげて、腰を浮かせました。その動きは裕人くんパパの指を逃れるどころか、逆に股間を押しつけるようになってしまいました。

下着の布地越しに、指先がクリトリスを刺激します。

「ああんん、あん。そこは、だめ。感じすぎちゃうから。気持ちよすぎるから……」

「だからもっと気持ちよくなればいいんです。直接さわりたい。直接さわってもいいですね？」

私の返事を待たずに、指先が股布をくぐって下着の内側にすべり込みました。

「はぁあああん！　あ、ああ、だから、だめだってばぁ……」

そこはもう、いやらしいお汁でびしょびしょに濡れています。そんなに濡らしていては、抵抗しても説得力がないのは自分でもわかっていました。

「ここ、たいへんなことになってますよ？」

ほくそ笑みながら裕人くんパパは言いました。軽く嘲《あざけ》りの調子がこもった言い方に私は悲しくなり、涙ぐんでしまいました。

「そ、そんな意地悪な言い方、しないでぇ……」

「ごめん。でもうれしいんだ。俺のためにこんなに濡らしてくれるなんて、すごくうれしいんだよ」

そう言って、裕人くんパパはまた私にキスしました。

「んぁあああ……」

私は今度こそ観念して彼のキスを受け入れ、迎え入れた舌に自分の舌を絡ませました。お互いの唾液が行ったり来たりして、その甘美さに舌がしびれました。

私たちはリビングのソファに移動して、激しく抱き合いました。

すでにパンツも脱がされ、半裸状態で座る私の足元に裕人くんパパがひざまずいて、私の両脚を開かせました。

天井灯に照らされて、濡れそぼった性器が生々しく照り返します。

内臓まで暴《あば》かれてしまった羞恥心が、私を身悶《みもだ》えさせました。

「ねえ、どうして、そんなに見るの？　私、ほんとうに恥ずかしい……」

「見たいんだよ。さっきも言ったけど、俺、愛未ちゃんママのここも、ずっと想像してたんだから。答え合わせがしたいんだ」

そんなことを言いながら、裕人くんパパはまじまじと私の濡れまくったアソコを見つめるのでした。

「意地悪。私が恥ずかしがるところを楽しんでるんでしょう……」

また私が涙声になったので、さすがにまずいと思ったのでしょう。

「わかったよ。もう見ないから」

そう言って、裕人くんパパは、私の性器にむしゃぶりつきました。

「はぁぁああん！」

思わず大声をあげてしまうほどの強烈な刺激が背筋を駆け抜けました。

「だから、恥ずかしいんだってばぁ……」

私は、自分の意志に反してびくびくと跳ねる腰を持て余しながら、責める口調で言い募《つの》りましたが、裕人くんパパはクンニリングスをやめてくれません。

「だから、見てないから。ちゃんと目を閉じてるよ。舐めてるだけだから」

そう言って、さらに勢いよく私のアソコにむしゃぶりつくのです。

思えば、アソコを舐められるのなんていつ以来でしょうか。夫とのセックスでは、指で軽く愛撫されるだけですぐに挿入になり、せわしなく動いて、出すだけ出してそれで終わりになるのが当たり前でした。

こんなふうに口で愛撫されるのは、それは確かに恥ずかしいことなのですが、それよりも自分が特別に愛されているような気がして、うれしいことでした。

私が為《な》す術《すべ》もなく身悶えているうちに、大陰唇のびらびらをいじられ、膣口を押し広げられ、クリトリスの包皮が剝かれて、いちばん敏感な肉芽に舌先が絡みついてきました。

そして、指が膣口に侵入します。表面的な刺激とは一味違う、内臓への侵食でした。

「ああ、あ、あ、あん！　ひぃいぁああぁ！」

私の腰はもう制御できないくらいにビクンビクンと跳ね上がりました。裕人くんパパは私の腰ごと抱え込み、押さえ込んでクンニリングスを続けました。

そこまで無理をして舐めなくてはいけないものなのでしょうか。どうしてそこまでしてくれるのでしょう。

めくるめく快感の渦に翻弄《ほんろう》されながら、私は感動さえしていました。裕人くんパパの愛情が胸に迫り、目から涙が溢れました。

そして、子宮の奥からは、絶頂の予感がやってきました。

「あ、あ、だめ。だめです。そんなにしたら、もう私、イッちゃう。イッちゃいますぅ！」

裕人くんパパはやめるどころか、さらにクリトリスに吸いつき、侵入させた指で膣内をかき回しました。

「あひぃい、ひぃい、ひぁああ！　あ、そこだめ。そこ、すごいっ！」

私の反応を確かめて、どこが感じるかを探りながら、執拗に私のアソコを責め立てます。そのようにして、私は簡単に絶頂に追いやられてしまったのです。

ぐったりと脱力する私の前に、裕人くんパパは立ち上がり、ズボンを脱ぎました。

薄目を開ける私の眼前に、ペニスがそそり立っていました。見上げる角度のせいでしょうか、それは夫のものよりも、私がこれまでの人生で見た中でも、文句なしにいちばん大きく、雄々しく、立派で、圧倒的でした。

おずおずと開けた口に、裕人くんパパは勃起したおチ○チンを突っ込んできました。口いっぱいに生臭い匂いが広がります。

「うぐ、うぐ、うぐぅぅう……」

私は喜んでもらえるように、一所懸命フェラチオしました。

口の中で、ペニスが一回り大きくなり、ぐっと硬さも増しました。

裕人くんパパが、かわいいと思いました。私の拙《つたな》いフェラチオで感じてくれていることが素直にうれしく、より深い愛情が込み上げました。

「ああ、愛未ちゃんママ、じょうずですね。旦那さんは幸せ者だ」

そんな言葉を言われました。でも、そうではないのです。夫にフェラチオしてあげたのはいつのことだったでしょう。

思い出せないくらいに、そんなことはしていませんでした。結婚以来、数えるほどしかしていなかったかもしれません。でも、夫のことを責められません。

私たち夫婦は、ずっといっしょに暮らして、月に一度はベッドをともにしていたはずなのに、いったい何をしていたのでしょう。あらためて、夫への罪悪感が沸き起こり、胸が切なく痛みました。

私は、ギンギンに勃起した裕人くんパパのおチ○チンを頰張り、じゅぷじゅぷと泡立つヨダレを口の端からこぼしながら、また涙ぐんでいました。

ごめんなさい。ごめんなさい。私は、夫への罪の意識に押し潰されそうでした。

でも、だからといって、まさにいま、口に含み舌を絡めているこの愛おしいおチ○チンを手離す気にもなれないのでした。

「さあ、そろそろ入れましょう」

私の心中の葛藤《かっとう》も知らずに、裕人くんパパはそう言うと、私をソファに寝転がして、上におおいかぶさってきました。

「それは、だめぇ……」

いまなら、中断できるかもしれない。夫への決定的な裏切りをせずにすむかもしれない。でも、腰を落として膣口に亀頭を押し当て、いままさに挿入しようとしている裕人くんパパに、いまさら何が言えるでしょう。

私が逡巡《しゅんじゅん》しているうちに、裕人くんパパが腰を突き入れ、愛液まみれの膣口は、たいした抵抗もなく、おチ○チンを迎え入れてしまいました。

「あぁあああああああ！」

一気に奥まで突っ込まれ、亀頭の先端が子宮に届くほどかと思われた次の瞬間、あまりの快感に、もう罪悪感も何もかも、どうでもよくなってしまったことを白状しなくてはなりません。

隣の部屋で娘が寝ていることさえ、頭から飛んでいました。自分と自分の膣内に突っ込まれたおチ○チンだけが世界のすべてでした。

「す、すごい。気持ちいい。気持ちいいの。すごい。ああ、あああ！」

私は大声で喚《わめ》き散らして、裕人くんパパをあきれさせてしまったようです。

「ちょっと声が大きいよ。子どもたちが起きちゃう」

ひどい母親もあったものです。妻としてだけではなく、母親としても失格と言わなくてはなりません。

でも、そのときの私には、裕人くんパパの腰が引けて、おチ○チンが抜かれてしまうことだけが心配でした。母親も妻も失格でかまわないから、それだけはなんとしても避けなくてはならないことだったのです。

だから私は、裕人くんパパの引けた腰に両脚を回して、抜かせまいとしました。

そして、口を片手でおさえて、もう大声を出さないようにして、それを相手にも伝わるようにしました。

「だから、ね？　お願い。抜かないで？」

それで裕人くんパパも納得してくれたみたいで、引けた腰を再び突き入れてくれました。膣内の壁をこすって、深々とペニスが挿し込まれます。

「ああ、気持ちいい。ああ、素敵。いっぱいなの。アソコの中がおチ○チンでいっぱい……」

そしてゆっくりとピストンが始まりました。深く浅く、そしてまた深く。

大きくて硬い裕人くんパパのおチ○チンが私のアソコの中をかき回します。

それは、ごっそりと内臓ごと持っていかれてしまうくらいの気持ちよさでした。

「ああ、すごい。すごくイイ。気持ちいい！」

大声を出してしまわないように、私は両手で自分の口をおおわなくてはなりませんでした。それほどの快感だったのです。

「ああ、セックスって、こんなに気持ちいいの？　私、ぜんぜん忘れてた。ううん、そうじゃない。私、知らなかった。ぜんぜん知らなかったの……」

いつの間にか夫への罪悪感は消え、それどころか、私にこの快感を教えてくれなかった夫を、責める気分になっていました。

私は両腕で裕人くんパパに抱きつき、引き寄せて自分の唇を押しつけました。

それは沸き起こる愛情の表れでもありましたが、同時に、口を手で押さえているよりも、キスさえしていれば大声を出さずにすむと気づいたからでした。

私は自分から舌を絡ませ、唾液を吸い取るようにして裕人くんパパの唇をむさぼりました。

「あむ、あむぅ。好き、好きですっ！　もっと、もっと激しく、激しくして。激しいの、好きなのっ!!」

しがみつく私を押さえ込んで、裕人くんパパがさらにピストンを繰り出します。

密着する肌と肌が汗ばんでこすれ合い、全身が性感帯になったみたいでした。私は全身で快楽をむさぼりました。

ピストンはどんどん激しくなり、射精が近づいているようでした。

「口で、受け止めてくれますか？」

裕人くんパパがそう言いました。私は一瞬何のことかわかりませんでしたが、それは口の中で射精させてほしいという意味だと気づきました。

もちろん膣内に射精されるわけにはいきません。でも、ただ外に出すのではなく、口の中に出すなら体内には違いありません。それは二人にとって、とても意味のある、素敵なことのように思えました。

「いいよ。口に出して。口の中でイッてください……！」

私はそう言って、大きく口を開けて裕人くんパパを待ち受けました。

裕人くんパパはタイミングを計って、ペニスを引き抜くと、勢いよく私の口に亀頭を突っ込みました。

次の瞬間、私の口の中で亀頭が破裂しました。粘度の高い精液が迸《ほとばし》り、口の中いっぱいに溢れます。独特の青臭い匂いが満ちて、私を陶然とさせました。

夜が明ける前に、私は眠気にぐずる娘を抱いて、逃げるように帰宅しました。

それ以来、裕人くんパパとの関係は続いています。いけないと思いながらも、彼からの誘いを私は決して断れないのです。

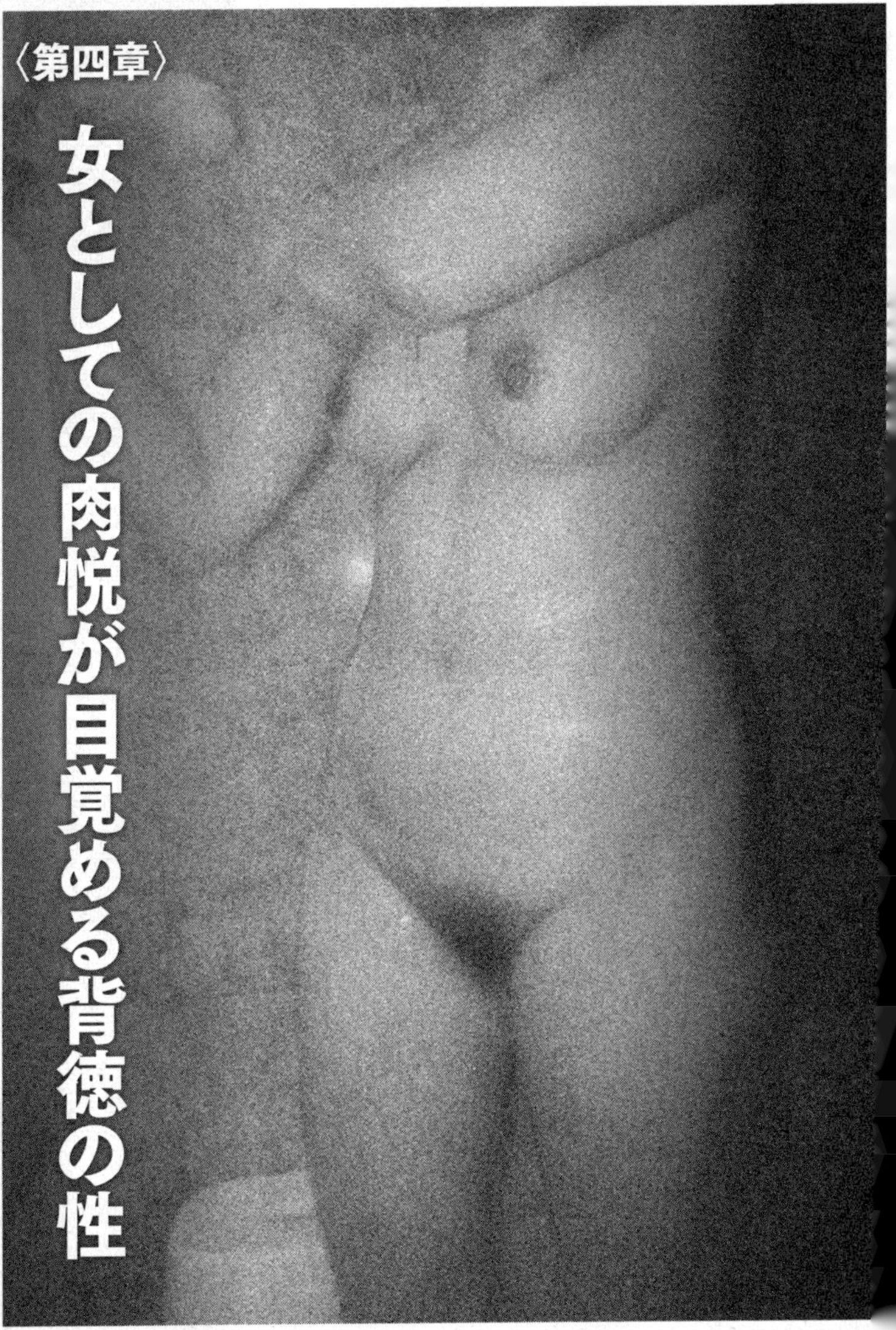

〈第四章〉

女としての肉悦が目覚める背徳の性

セックスに飢えきった真面目な人妻が出会い系で知り合った男と夢の3P体験

安斎淳子　主婦　四十五歳

私は四十五歳になる主婦です。子どもは中学生になる男の子が一人います。その子が生まれてから、夫とは一度もセックスをしていません。

きっと出産に立ち会ってもらったのがいけなかったんです。あそこから赤ん坊が出てくるのを見た夫は、ＥＤになってしまったのでした。

もとはといえば、妻思いの夫の愛情が原因のＥＤなので、私も文句を言うことなく夫に尽くし、浮気をしたこともありませんでした。セックスなどしなくても、毎日いっしょに過ごして、いつの日か仲のいい、お爺さんとお婆さんになれればいいと思っていたのです。

だけど先日、同窓会で昔の友だちと再会して、みんなが刺激的なセックスライフを過ごしているのを聞かされたんです。

パート先の社員と不倫をしていたり、ホストクラブで豪遊して枕営業と称して若いイケメンに性奉仕させせたり、夫婦仲がよくていまだに旦那さんと週三回はセックスしていたり……。

自分と同い年の女性たちが、みんなごくふつうに日常的にセックスを楽しんでいると思うと、私は急に自分の性欲を抑えきれなくなってしまったんです。

その日以降、寝ても覚めても、セックスのことばかり考えるようになりました。もう夫に義理立てている余裕もありません。

とにかく誰かとセックスしないと、頭がおかしくなってしまいそうだという状態にまでなってしまいました。

でも、専業主婦である私には、身近に不倫できそうな男性はいません。それにホストクラブへ行って男をあさったりするようなお金もありません。

そこで思いきって、中高年向けのマッチングアプリに登録してみたんです。

もしも年齢を若く偽って、実際に会ったときに失望されたらいやだと思い、正直に四十五歳と書いたので、リアクションがあるかどうか不安でした。

でも、予想外に沢山のメッセージが届きました。

まるで大量の精子が一つの卵子に突撃するように、大勢の男たちが私にメッセージを送ってきてくれるんです。

それは、忘れてしまっていた女としてのよろこびを、私に思い出させてくれました。

私は、そのメッセージの中から、文面がいちばん誠実そうな男性を選んで返事を送りました。

その男性の深田《ふかだ》さんは四十二歳で、建築関係の会社に勤めるサラリーマンということでした。いちおう、写メも送ってもらいましたが、まじめそうな顔立ちでなかなか好印象だったので、私は彼を不倫相手にしようと決めました。

でも、本当のことを言うと、写真で見る限り深田さんは鼻がすごく大きかったので、きっとオチ○チンも大きいんだろうなと思って彼に決めたんです。どうせ浮気をするなら、できるだけ大きい人としたかったのです。

深田さんは営業職なので時間はかなり自由が利くということでした。私は男性と会うなら、息子が学校に行っている時間ぐらいしかありません。だから私たちは昼間に某駅の前の広場で待ち合わせしました。

心臓が口から飛び出しそうなほどドキドキし、下着の中が期待感でヌルヌルになりながら、私は深田さんを待ちました。

待ち合わせの時間に少し遅れて、深田さんが現れました。

「お待たせしました。深田です」

深田さんは写真どおりの大きな鼻をしていました。性格もおおらかそうで、この人にしてよかったと私は思いました。

「いえ、私もいま着いたばかりですから」

「ほんとは五分前には着けるように会社を出たんですが、ついそこで知人に会ってしまったもので」

そう言って深田さんが後ろを振り返ると、三十代半ばぐらいの男性がぺこりと頭を下げました。

「内藤《ないとう》です。初めまして。深田さんとは行きつけの居酒屋がいっしょで、いわゆる飲み仲間ってやつなんです。ぼくは運送屋をやってるんですけど、今日はたまたま仕事が休みでふらふらしていたら、深田さんとばったり会っちゃって」

そう言って、内藤さんは頭をかきました。

内藤さんは体格がよく、顔もいい色に日焼けしていて、とても精力がありそうな男性でした。

でも、深田さんと不倫セックスを楽しみたいと思ってあそこを濡らしていた私には、やっぱり邪魔な存在です。

「はあ、そうなんですか……」

私はわざと迷惑そうに視線をはずしました。すると深田さんが少しあわてた様子で言うんです。

「実はね。これから美熟女と不倫セックスを楽しむんだって言ったら、内藤さんがぜひ自分も仲間に入れてくれって言うんですよ」

「えっ……仲間に？」

私は深田さんが言っていることの意味がよくわかりませんでした。不思議そうにたずねる私の耳元に口を近づけて、内藤さんがささやきました。

「そうなんです。三人でセックスしませんか？　きっとすっごく興奮しますよ」

「それって……3Pってことですか？」

「そんな卑猥な言葉を知ってるんですね。そう、その3Pです。ねえ、いいでしょ？一本より二本のほうが、絶対に気持ちいいですよ」

そう言って内藤さんが私の肩をそっと抱きました。男臭いフェロモンが私の鼻孔をくすぐりました。

さっきまでは久しぶりにセックスをする期待感でヌルヌルになっていたあそこが、今度は生まれて初めてする3Pへの期待感で、さらにヌルヌルになっていきました。

もう下着までぐっしょりと濡れていて、内腿を愛液が流れ落ちてしまいそうなほどです。気がつくと私は、コクンとうなずいていました。

「よし、決まり!」

うれしそうに言うと、内藤さんは深田さんとハイタッチしました。そして、私の気が変わらないうちにと、近くのラブホへ直行したんです。

部屋に入ると、いきなり深田さんがキスをしてきました。しかも舌を口の中にねじ込んでくる激しいディープキスです。

ピチャピチャと唾液が鳴り、私の体は熱くほてっていきました。

「今度は俺も」

深田さんがキスを終えると、今度はすかさず内藤さんが私を抱き寄せてディープキスをしてきました。

私の口の中を舐め回し、舌をからめ、そして唾液をすするんです。ゾクゾクするぐらい興奮してしまいます。

同じディープキスでもこんなに違うんだと、私は意識が朦朧とする中でそんなことを考えました。

キスがこんなに違うなら、あれもきっと……。

そう思うと、もうあそこがムズムズしてきました。そんな私を見て、深田さんが冷やかすように言いました。

「あれ？　淳子《じゅんこ》さん、体がくねくねしちゃってますよ」

「ああ～ん、いやん……なんだか変な感じで……」

「いいんですよ。思いっきりエッチになっちゃってくださいよ。どうしますか？　シャワー浴びますか？」

そうたずねられた私は、首を横に振っていました。もう興奮は限界まで高まっていたので、ここでシャワーを浴びてクールダウンさせたくなかったんです。

「ねえ、お願い。オチ○チンを見せて……」

私の口からはそんな卑猥な言葉がこぼれ出ていました。

「おっ、いいですね。ほんと、淳子さんはエロいですね」

深田さんがうれしそうに言い、それに内藤さんが続けました。

「さっき駅前で深田さんとばったり会ってラッキーでしたよ。こんなにエロい熟女といやらしいことができるんだから」

「ああぁ、いやよ、そんなこと言わないで。私、ふだんはこんなんじゃないの……」

「いいんですよ。じゃあ、内藤さん、淳子さんに俺たちの自慢のチ○ポを見せてあげましょうよ」

そう言うと、深田さんは腰のベルトをはずしました。それを見て内藤さんもズボンを脱ぎはじめます。

そして、すぐに二人は服をすべて脱ぎ捨てて全裸になったんです。

「はあぁぁ……す……すごいわ！」

久しぶりに勃起したオチ○チンを見て、私は溜息を洩らしてしまいました。

「どうですか？　淳子さん、ぼくのチ○ポは？」

そう言うと、深田さんは私に向かって腰を突き出しました。鼻の大きさから想像していたとおりの巨根です。

しかも深田さんは下腹に力をこめて、オチ○チンをビクンビクンと動かしてみせました。そのいやらしさに、私の口の中に大量に唾液が溢れ出てくるんです。

その唾液を飲み込むと、ゴクンと喉が鳴ってしまいました。

「す……すごく立派だわ」

「淳子さん、俺のも見てくださいよ」

そう言って内藤さんが股間を突き出しました。内藤さんのオチ○チンもビンビンに力をみなぎらせていました。

太さこそ深田さんのほどではないものの、すごく長くて、おまけにカリクビが大きく張り出していて、形がすっごくいやらしいんです。

「はあぁぁん……内藤さんのも大きいわ。それに形がすごくエッチよ」

「うれしいね。じゃあ、まずはお口で味わってみてください」

「そうそう。久しぶりなんでしょ？　さあ、どうぞ」

二人は私に向かってオチ○チンを突き出します。

「じゃあ、失礼します」

私はその場に膝立ちになり、右手で深田さんの、左手で内藤さんのオチ○チンをつかみました。

「うっ……」

「はあっ……」

二人は同時に奇妙な声を洩らしました。私が初めての3Pで興奮しているのと同じように、二人もかなり興奮していて、オチ○チンが敏感になっているようでした。

「こんなの初めてよ。あぁぁん、たまらないわ！」

私は両手で二本のオチ○チンをしごきはじめました。二本ともすごく硬くて、そのことで私はますます興奮していくんです。

そして私は、まず深田さんのオチ○チンに舌を這わせました。やっぱり今日のもともとの相手ですから、顔を立てる必要があると思ったんです。

それに深田さんのオチ○チンは亀頭がパンパンにふくらんでいて、すっごくおいしそうに見えたんです。

亀頭を舐め回すと、手のひらにビクンビクンと脈動が伝わってきました。

「おおう……淳子さんの舌、すごく気持ちいいよ」

うれしそうに言う深田さんの声を聞きながら、亀頭を口に含みました。そして、唾液を垂らしながら首を前後に動かしました。

「ああう……淳子さん……んんん……ああ、気持ちいい！」

深田さんは体をくねらせながら言うんです。久しぶりのフェラチオでそんなに気持ちよさそうにしてもらって、私は楽しくなりました。

次に私は内藤さんのオチ○チンへと移動しました。

先端を手前に引き倒し、にじみ出た我慢汁をぺろりと舐めると、深田さんにしたのと同じように口に含み、口内の粘膜でねっとりと締めつけながら、首を前後に動かしました。

そしたら大量に唾液が溢れてきて、唇の端からポタポタ滴《したた》るのでした。

「ううっ……よだれを垂らしながらしゃぶってるんですか？　ほんと、エロいなあ。どうですか？　俺のチ○ポはおいしいですか？」

内藤さんは苦しげな声で言いました。

「ええ、おいしいわ。あぁぁ、こんなおいしいオチ○チンが二本も……はぁぁん、すっごく興奮しちゃう」

三十分前までは3Pをすることなどまったく考えてもいなかったのに、こうして両手にオチ○チンを握り締めていることが不思議な気分です。

でも、私は女の本能に従うように、両手に持ったオチ○チンを交互に舐めたりしゃぶったりしてしまうのでした。

そうやって私が二本のオチ○チンを何往復かしたところで、深田さんが苦しげな声で言いました。

「淳子さん、二本を同時に頬張ってみてくださいよ」

「え？　そんなこと……できるかしら」

私は両手に持った唾液まみれのオチ○チンを交互に見ました。両方ともかなりの大きさなので、一本でも口に入れると苦しいぐらいです。

「二本同時になんて無理よ……絶対お口に入らないわ」

そう言いながらも、その卑猥な状況を想像すると、すごく興奮してしまうんです。

結局、私は二本のオチ○チンを顔の前に引き寄せ、亀頭と亀頭を軽く触れ合わせたまま、それを口に咥えようとしてみました。

「うぐっ……」

唇がはち切れそうになりながらも、なんとか口に押し込むことができました。

「すげえ。深田さんのチ○ポが当たるのが気持ち悪いけど、すごく興奮するなあ」

「俺もこんなに興奮するのは久しぶりですよ。ああ、たまんねえ」

頭上でいやらしい言葉を交わす男たちを上目づかいに見上げながら、私は口の中に入れた二本のオチ○チンの先端をペロペロ舐めつづけました。

その卑猥すぎる状況に、私はもう子宮がキュンキュン疼きはじめてきました。

「ああん、もうダメよ。はあぁ……もう入れてほしくてたまらないの」

私はオチ○チンを口から出すと、自ら服を脱ぎ捨てました。

「よし。ぼくもそろそろ淳子さんのオマ○コを味わいたいと思ってたんだ」

「じゃあ、深田さん、ベッドでたっぷり味わいましょうよ」

二人は私の体を抱えるようにしてベッドにのぼりました。

「順番は、じゃんけんで？」

「いいですよ」

深田さんと内藤さんは私の気持ちなど無視して、二人でじゃんけんをして順番を決めました。勝ったのは深田さんです。

「淳子さん、お尻を突き上げてもらえますか？」

私を四つん這いにすると、指であそこを少しいじり、すぐに深田さんはオチ○チンを挿入してきました。

「はあぁっんんん……」

大きなオチ○チンが、ヌルンと奥まですべり込みました。

「おおっ……ヌルヌルだから簡単に入っちゃいましたよ」

そううれしそうに言うと、深田さんは私のウエストを両手でつかんで腰を前後に動かしました。

「はっあん……あっ……はあぁん！」

十数年ぶりにオマ○コにオチ○チンを入れられ、私は大感激。突き上げられるたびに大きな声で喘いでしまうんです。

「淳子さん、お口がさびしそうですね。これでもどうぞ」

内藤さんが私の口に、オチ○チンをねじ込んできました。

「はあっぐぐ……うっぐぐぐ！」

私は上下の口を二本のオチ○チンで塞《ふさ》がれ、奇妙なうめき声を洩らしつづけました。二本同時に口に含んだときも興奮しましたが、もちろんこっちのほうが大興奮です。もう頭の中が真っ白になるぐらい感じまくっていました。

そしたら内藤さんが私の口からオチ○チンを引き抜き、ベッドの上にあおむけになったんです。

「深田さん、そろそろ交代してください。俺もう我慢できないですよ」

「わかりました。実に具合のいいオマ○コですよ。さあ、淳子さん、今度は内藤さんのチ○ポを楽しんでください」

そう言うと深田さんは、ヌルンとオチ○チンを引き抜きました。そして背後から私の両脚を抱えるようにして立ち上がったんです。

それは小さな子どもにオシッコをさせるときの格好です。当然、さっきまで深田さんのオチ○チンが入っていたオマ○コが丸見えです。

「あっ、いや。恥ずかしいわ。放してください……」

「まあまあ、そう言わないで。チ○ポを入れるのを手伝ってあげますよ」

深田さんの言葉を受けて、内藤さんはオチ○チンを右手でつかんで先端を天井のほうに向けました。

　そして深田さんは私の体を、その上にゆっくりとおろしていくんです。すぐに亀頭があそこに当たり、さらにおろされるとヌルンとすべり込みました。

「あっ、こ……こんなの恥ずかしすぎます。はあぁぁん！」

　そしてしっかりと下までおろされると、内藤さんのオチ○チンが全部私のオマ○コに埋まってしまっていたのです。

「あっううう……淳子さんのオマ○コ、気持ちいいです。さあ、動いてください」

「あぁん……恥ずかしいぃ……でも、すっごく興奮しちゃう。はあぁん！」

　私は騎乗位の体勢で、腰を前後左右に激しく振りました。すると、そんな私の顔に深田さんがマン汁まみれのオチ○チンを突きつけてくるんです。

「さあ、今度はお口で気持ちよくしてください」

　もちろん私は、騎乗位で腰を振りながら深田さんにフェラをしてあげました。そんな私の膣奥を、内藤さんが下からズンズン突き上げてきます。

「あっはあぁん、もうダメッ！」

　私は深田さんのオチ○チンを口から吐き出し、大声で喘ぎながらイッてしまいました。

そのあとも、いろいろと体位を変えながら二本のオチ〇チンで貫かれつづけ、私は何度も何度もイキまくりました。

「ああ、ぼくももうイキそうだ。ううっ、で、出る!」

オマ〇コを突き上げていた深田さんが苦しげにうめき、同時に口に出し入れしていた内藤さんも私の口からオチ〇チンを引き抜いて叫びました。

「ううっ……お……俺も出る!」

そして最後の瞬間、私は二本のオチ〇チンから同時に噴き出した、大量の精液を顔にかけられてしまいました。

久しぶりのセックス。しかも、生まれて初めての3Pに私は大満足。女の幸せを、この歳にして初めて知ったのでした。

でも、その夜、家族三人で食卓を囲んでいると、夫と息子に対して猛烈に申し訳ない気持ちになってしまいました。

だから不倫も3Pも、一回きりにしておこうと思っているんです。でも本当のことを言うと、我慢できる自信はありません……。

久しぶりに再会した可愛い従弟の童貞卒業を手助けする柔乳美人妻

西浦祥子　専業主婦　三十七歳

結婚して十年、平凡ですが幸せな夫婦生活を送ってきました。

子どもにも恵まれ、夫への不満も何一つありません。この家庭を守ってゆくこと、それ以外に望むものはありませんでした。

しかしたった一度だけ、私は過《あやま》ちを犯してしまいました。

若い男の子、それも従弟《いとこ》との浮気です。

きっかけは久々にお盆に帰省したことでした。近所に住む叔父の家に挨拶のために顔を出したところ、偶然にも従弟の拓海《たくみ》くんと再会したのです。

「やだ、拓海くんじゃない。久しぶり」

なつかしい顔を見た私は、思わず黄色い声を出してしまいました。

彼と会うのは十年ぶりで、最後に見たのは彼が小学生のころです。私は嫁《とつ》いで地元を遠く離れ、それ以来会う機会はありませんでした。

大学生になっていた彼も、たまたまお盆で帰省中だったのです。

もともとかわいい顔立ちでしたが、昔よりもはるかに大人びてかっこよくなっていました。もう二十歳になったのだから、それも当然です。

ただ彼は少しシャイな性格で、久しぶりに会えてはしゃいでいる私とは対照的に、照れくさそうにはにかんでいました。

「ずいぶん大きくなったのねぇ。昔はよくお風呂にも入れてあげたの、覚えてる？」

きっと彼も覚えていたのでしょう。少し顔を赤らめながら、ますます恥ずかしそうにしています。

それにしても、身長も私をはるかに超えてルックスも抜群。これは大学で相当モテるだろうなと、私はまぶしい目で彼を見ていました。

「ねぇねぇ、彼女はできた？」

私がそう聞くと、彼は小さな声で「まだだよ……」と返事をしました。

「うそ、もう大学生でしょ。周りに女の子なんかたくさんいるでしょうに」

「興味ないよ。別にそんなことのために大学に行ってる訳じゃないし」

そう言って格好をつけてはいますが、やはり奥手な性格が問題なのでしょう。

せっかくかっこいいのにもったいない。そう思いつつ、気になっていることがありました。

その日はとても暑く薄着だったのですが、やけに彼の視線を胸元に感じたのです。もともと彼は、昔からいっしょにお風呂に入ると私のバストに興味津々でした。性欲ではなく無邪気な好奇心だったのでしょうが、この日の彼は、じっとりといやらしい目で私の体を見つめていました。

まぁ、女性をそんな目で見てしまうのも、大人になった証拠です。けっしていやな気持ちになったわけではありません。

ただ私は三十七歳で、彼よりも一回り以上も年上です。彼の周りにいる女子大生に比べれば、かなりのオバサンなのはまちがいありません。

それなのに私の体に興味を持ってくれるなんて、どこかうれしいような、くすぐったい気分でした。

もしかして同い年の女の子よりも、私のほうが好みなのかもしれない。そんな根拠のない自信まで感じていました。

次の日、私はあらためて彼の家を訪れました。もう挨拶もすんで用はないのに、彼の顔を見るためだけに寄ってみたのです。

すると運がいいことに、彼の両親は別の親戚の家を訪ねていて不在でした。つまり私と彼は二人きりになってしまったのです。

「今日も暑いわねぇ。蒸し暑くて体がベトベトしちゃうわ」

そんなことを言いながら、玄関でシャツのボタンをはずして胸元をパタパタとあおいでみせました。

すると案の定、彼の視線は胸の谷間に釘づけです。昨日よりも濃い色のブラが、はっきりと見えていたことでしょう。

家に上がると麦茶を出してもらい、二人でテーブルに向かい合いました。

胸元のボタンは開いたまま、わざと気づかないふりをします。やはり気になるのか、彼はどこかソワソワ落ち着かない様子です。

そんな彼の態度がおかしくて仕方ありませんでした。もっと素直に見ればいいのに、どれだけウブなんでしょう。ますますからかいがいがあります。

「ねぇ。せっかく二人きりなんだし、久しぶりにいっしょにお風呂に入ろうか？」

冗談半分で、私はそう言ってみました。万が一彼がそうしたいと言うのなら、もちろん入ってあげるつもりでした。

しかしせっかくの誘いも、そっけなく「いいよ、そんなの」と返されてしまい、逆にカチンときてしまいました。

「ずいぶん冷たいのねぇ。もしかして女の体に興味ないの？」

そう言って、大胆に服をめくり上げ、胸をさらけ出してみせたのです。

するとたんに彼は、顔を赤くして視線を逸《そ》らしてしまいました。こっそり覗き見ることはできても、真正面から見せつけられると照れてしまうようです。

そんな彼がますますかわいくなって、私はつい歯止めが利かなくなりました。

「ねぇねぇ、ほんとうは私のおっぱい好きなんでしょう。ずっと知ってたんだから」

「ちょっ、やめろよ……もう子どもじゃないんだから」

私はブラもはずし、生の胸まで彼に見せつけました。

昔はツンと形のよかった胸も、さすがに張りを失っています。しかしサイズだけはEカップあるので、大きさには自信がありました。

私は彼がいやがるのもかまわずに、近づいてベタベタとくっつきながら、これでもかと胸を強調してみせました。

「さわってもいいのよ。誰も見てないし、今日だけはサービスだから」

すると、思わぬことが起こりました。てっきりそれまでと同じように抵抗すると思っていたのに、彼はためらいがちに手を伸ばしてきたのです。

「……ほんとうに、さわってもいいんだよね？」

私も「うん、いいよ」と言ってはいましたが、内心では少し動揺していました。

彼の両手が胸のふくらみを包み込み、もみしだきます。遠慮がちな手つきですが、次第に熱を帯びてきました。

最初のうちは、ウブな従弟をからかって楽しむつもりが、だんだん私まで淫らな気持ちに染まってきました。

胸をさわられながら体が疼いてしまったのです。このままでは自分でもどうしていいのかわかりませんでした。

もうそのへんで止めましょう。そう言葉が出かかりましたが、彼の真剣な顔を見ると、止めることができません。

「んっ、うんっ……」

乳首をいじられ、とうとう声まで出してしまったのです。

すると彼も息を荒くしながら、さらにしつこく乳首を刺激してきました。

「あっ、ダメ……ああっ」

ますます私は感じてしまい、声を抑えることができなくなりました。乳首は彼の指で刺激を受け、すっかり硬くなっています。

「乳首……舐めても、いい？」

ためらいがちにそう聞かれた私は、黙ってうなずくしかありませんでした。

今度は彼の舌が乳首を転がします。口に含んで飴玉のように舐めながら、軽く吸いはじめました。

実は私は、半年ほど夫には抱かれていませんでした。かなり欲求不満だったのです。そんな私のおっぱいを、彼は夢中になって愛撫してくるので、とうとう我慢できなくなりました。

「ねぇ、もし私がエッチさせてあげるって言ったら、拓海くんはどうする？」

私からの問いかけに、彼はためらわずに「する、したいよ！」と返事をしました。

そこまで言ってくれたのであれば、私も覚悟を決めるしかありません。従弟であることや年の差など関係なく、純粋に彼とセックスをしたくなったのです。

「じゃあ、ここじゃなくて拓海くんの部屋に行こうか」

邪魔が入らないように、彼の部屋へ連れていってもらいました。

昔はよく、お風呂上がりに裸で体の拭き合いをしたり、下着一枚でも平気で家をうろついていたものです。

しかし当時といまは違います。私が服を脱ぎはじめると、彼は食い入るように見つめていました。

見慣れた裸のはずなのに、大人になって性欲が先走るようになったからでしょうか。なんだか彼の視線が、くすぐったく感じます。

最後にショーツを脱いでしまうと、私は全裸で彼の前に立ちました。

「ほら。なつかしいでしょう？　昔よりもちょっとだけ太くなったけれど、まだこんなにいい体してるのよ」

私がそう言うのを、彼は黙って聞いていました。

あまりにジロジロと見つめられるので、さすがに私も照れくさくなりました。以前の体つきを思い出し、十年たったいまの体と比べているのかもしれません。

「私も脱いだんだから拓海くんも脱いで。ほら早く」

私がそうせかすと、彼は渋々と服を脱いでくれました。

いったいどんな体に成長しているのか、ワクワクしながら眺めます。

「そんなに見られてると、ちょっと恥ずかしいんだけど……」

「いまさらなに言ってるの。私だって裸になったのよ」

昔よりも性格が照れ屋になったのか、なかなか裸を見せてくれません。

ようやく上着を脱ぐと、痩《や》せていた胸板も厚くなり、見違えるように逞しい体になっていました。

いよいよ残すは下半身です。さんざんじらされた末に、やっと彼は下着も脱いでくれました。

「やだっ、すごい！」

思わず私は笑みをこぼしながら、そう口にしていました。

彼が恥ずかしがっていた理由がわかりました。すでに勃起していたからです。

あの小さくてかわいらしかったペニスが、こんなに立派になるなんて。なつかしさよりも、その大きさに興奮してしまいました。

しかし形だけは大人になっても、初々しいピンク色のままです。まだセックスに使ったことがないのは明らかでした。

私はペニスに手を伸ばすと、根元を握り締めて顔を股間に近づけました。

「えっ!?　ちょっと、待ってよ」

あわてた彼の声が聞こえてきました。いきなり私がペニスを口に含んだので、きっと驚いたのでしょう。

私は彼の言葉には耳を貸さず、ペニスを深く呑み込んでみせます。

「ううっ！」

それっきり彼はおとなしくなり、私にフェラチオをさせてくれました。

口の中でいやらしく舌を動かして舐めてみせます。特に亀頭の裏側は念入りに、舌先も使って円を描いてあげました。

こうすると決まって男性は悦んでくれました。夫も新婚当時は私のフェラチオを気に入り、毎晩リクエストされたものです。

それだけテクニックには自信があり、彼のような若い男の子をとりこにすることは簡単でした。

「どう？　気持ちいいでしょう？」

しばらく咥えたあと、私は一度口を離して彼に聞きました。

彼はかすれた声で「う、うん」と返事をします。どれだけ気持ちよかったか、声に現れていました。

それを聞いて上機嫌になった私は、再びペニスを口に含んで、じっくりおしゃぶりをしてあげました。

今度は手加減をせず、顔ごと上下に動かしてあげます。口全体でペニスを包み込みながら、強く吸い上げました。

「ああ、そんなにされたら……ヤバい、ヤバいって！」

気持ちがいいはずなのに、彼はますますあわてています。私は口の動きを止めませんでした。

それから数秒後には、ドクドクと口の中に精液が溢れ出てきました。

彼は射精しながら「ああっ」と何度も声を出し、腰をふるえさせていました。精液の量もたっぷりで、なかなか止まりませんでした。

すべてを搾り出したころには、口の中はドロドロしたものでいっぱいになりました。

私はこぼれそうになっている精液を、彼の見ている前で飲み込んでみせました。かなり粘ついて苦みもありますが、けっしていやな味ではありません。

「なんかゴメン。我慢できなくて」

「いいのよ。これくらい、どうってことないから」

申し訳なさそうにしている彼に、私は気にしないように言ってあげました。

それにしても驚いたのは、あれだけたくさんの量を出したというのに、彼のペニスが元気なままだったことです。さすが精力が有り余っている年ごろだと感心しました。

「どうする？　少し休む？」

すると彼は首を振り、すぐにでも私を抱きたそうにしていました。

だったら私も遠慮する必要はありません。このまま彼の童貞を奪ってしまおうと、ベッドに誘いました。

「だいじょうぶ、緊張しなくてもいいからね。好きなように私を抱いてくれれば、それでいいんだから」

彼をリラックスさせるためにそう言ってあげましたが、やはり初めてだとかたくなってしまうようです。

まずは挿入する前に、入れる場所を確認させてあげました。もちろん私のあそこの奥にある穴です。

「よく見て……ここにオチ○チンを入れるのよ」

ベッドの上で大きく足を開き、腰を突き出してみせます。こんなあからさまなポーズを見せたのは、彼の前では初めてでした。

それだけに、彼の視線は食いつかんばかりでした。顔をぐっと近づけて、あそこをジロジロと眺めています。

自分から見せたとはいえ、そこまで興味を持たれると、なんだか恥ずかしくなってきました。

「ちゃんと見えた？　下のほうに穴が開いてるでしょ」

「うん、なんか入り口がさっきから閉じたり開いたりして、ちょっと濡れてる」

「もう、変なこと言わないで。恥ずかしいじゃない」

濡れた私のあそこを見て、彼も我慢できなくなったようです。私の体を押し倒し、足の間に体を入れてきました。

さっきまでのオドオドした態度が消え、険しい表情で腰を押しつけてきます。

「入れるから動かないで！」

初めて彼の真剣な声を聞きました。

私はおとなしく彼の下で、足を開いたまま挿入されるのを待ちました。ちゃんと入れられるか不安でしたが、任せるしかありません。

すると私の心配をよそに、彼は穴の位置をまちがえることもなく、挿入に成功しました。

「あっ、ああんっ！」

あそこの中にペニスが突き進んでくると、思わず彼の腰にしがみつきました。

すぐ目の前には彼の顔があります。うまく挿入できてホッとしたのか、険しい表情も消えていました。

「ヌルヌルしてすごく気持ちいいよ。こんなの初めてだよ……」

すっかり上機嫌になった声に、私までうれしくなりました。

「よかったね。おめでとう」

無事につながった彼に、私がお祝いのキスをしてあげると、はにかんだ笑顔を返してくれます。

すぐに彼は腰を動かしはじめました。私の体を押さえつけながら、自分のペースで体をぶつけてきます。

「んっ、あんっ。拓海くん、私もいっぱい感じちゃう！」

ぎこちない腰づかいですが、何度もあそこの奥まで突き上げられ、私は喘ぎ声を抑えきれなくなりました。

彼のがむしゃらさと激しさは、これまで私を抱いた、どの人とも違いました。ひたすら腰を振っているだけなのに、セックスに慣れきった私にはかえって新鮮でした。

あとは経験豊富な私がうまくリードし、彼を射精まで導いてあげるつもりでした。

しかし彼は、私の思惑などお構いなしです。セックスに夢中になるあまり、私の話を聞くつもりもないようです。

「待って、そんなに激しくしたら……ああっ、ダメッ！」

彼の荒々しい腰づかいに、私はすっかり翻弄《ほんろう》されていました。あまりに快感が強くなりすぎて、我を忘れそうになっていたのです。

しかも彼はペースが落ちるどころか、さらに速く腰を動かしてきます。

「はあっ、すごいっ！　いいっ、もっとしてぇ！」

とうとう自分でも訳がわからなくなり、ひたすら喘ぐだけでした。

彼は休みなく動きつづけていましたが、急に顔をしかめたかと思うと、苦しそうな声で私に訴えてきました。

「ヤバい、また出そう！」

童貞の彼に、イク寸前に抜いて外に出してと言っても、難しかったと思います。避妊なんてまるで頭になさそうでしたから。

ちょうど私も安全日に入ったところだったし、このまま射精させても問題はないと、そう判断しました。

「いいよ、出して！　安全日だから気にしないでイッて！」

そう言ってあげると、彼は安心したように中に出してくれました。

さっきまで激しく動いていたのに、射精した瞬間にピタリと腰を止めて、急に体の力が抜けてしまったようでした。

しばらくするとあそこの奥に、ぬるぬるした熱い液体が広がってきました。二回目なのにたっぷりの量を出してくれたようです。

「ああ……気持ちよかった」

終わったあと満足そうにしている彼が、いとおしくてたまりませんでした。

もちろんこのことは、夫にも誰にも話していません。彼とセックスをしたのはあの日の一度きりで、いまは何事もなく平穏に暮らしています。

きっと彼にとっても、忘れられない一日になったはずです。私との初体験で自信をつけて、彼にも早く彼女ができればいいと心から思っています。

娘の家庭教師の若い肉幹に魅せられ許されざる不倫体験に溺れる美熟妻

黒木麗美　専業主婦　四十三歳

若い男性と不倫をする主婦なんて、雑誌で読んだことはあっても自分には無関係なことだとばかり思ってました。それがこんなことになるなんて、自分でも信じられない気持ちです。

不倫の原因は娘の由香里《ゆかり》です。高校に進学してから成績が下がった由香里のために、去年の春に家庭教師をつけたのです。

家庭教師を雇うことは夫の提案でした。私はなんだかムダな出費に思えて、初めのうちは消極的だったのです。でもすぐにそうではなくなりました。家庭教師の派遣会社から紹介された倉田《くらた》くんが、とてもイケメンだったからです。

倉田くんはK大学の三年生で、頭のよさも折り紙つきでした。

そのうえ、スポーツマンタイプで体もがっしりしていました。厚手のシャツを着ていても筋肉のふくらみがわかるくらい逞しい体でした。私のタイプだったのです。

娘も大喜びで、勉強にも身が入り、成績もグングン上がっていきました。

でも実を言えば、恥ずかしながら、私のほうが彼に夢中になっていたんです。

爽やかなイケメンの倉田くんと顔を合わせるたびに、年がいもなくドキドキしてしまって、なんとか二人きりの時間を作れないかと考えてしまったんです。

別に本気で浮気したいとか、セックスしたいとか、そこまでの気持ちは少なくとも初めはありませんでした。ただ少しだけ、こんな若い男性と二人きりでお酒でも飲めればいいな。そう思っただけです。

でも、外に飲みにいくなんてことはできませんし、家では二人きりになれません。だけど、夏になってチャンスが巡ってきたんです。

夫の出張と、娘の部活の合宿が重なったんです。いつ以来だろうという、奇跡的に自宅に一人きりの状態になったんです。

私はすぐに、倉田くんを誘いました。今後の勉強方針の確認と、ささやかな慰労会という名目で、家に呼んで手作りの料理をご馳走したんです。

「いやあ、こんな手作りの料理、久しぶりだから、うれしいです。おいしいです！」

倉田くんのその言葉はお世辞ではなかったみたいで、私が腕によりをかけた料理も驚くほどたくさん食べてくれました。

「こちらこそ、いつも由香里がお世話になって。ビールも飲んでね」

私は倉田くんのコップにビールを注ぎました。

倉田くんはお酒が弱いらしく、ビール一杯で顔が真っ赤になりました。

それがなんだかかわいくて、私はつい、からかいたくなってしまったんです。

私はひそかにブラウスの第一ボタンをはずしました。すると倉田くんの視線が、さりげなく私の体を観察するように動きだします。

その日は暑かったので、私のブラウスはかなり薄手のものでした。そして私の胸はかなり大きめです。でも、私は着やせするタイプなので、春の間は倉田くんもそれほど意識してなかったと思います。それがここに来て、急に露出が増えたのですから、性的に盛んな時期の男の子が目をひきつけられるのも仕方ないことです。

そして、私のほうもすっかりその気になっちゃったんです。だって、こんな至近距離で若い男の子の視線を浴びるなんて、そうそうあることじゃないですから。

「倉田くん……彼女はいるの？」

しばしの沈黙のあとに私がそう訊くと、はにかみながら倉田くんは言いました。

「い、いいえ……いまはいません」

テーブルを挟んで倉田くんの向かいに座っていた私は、ソファに座っている倉田くんのとなりに腰をおろしました。すでに剝き出しの二の腕が触れ合うような距離です。もうすっかり、そんな雰囲気になっていました。

「倉田、くん……」

私が顔を近づけると、彼は怯《ひる》みながらもキスを受け入れてくれたんです。やわらかい唇と唇が、軽く触れた。そう思ったら、とたんに倉田くんは私の体にしがみつくように抱きついてきました。

「麗美《れいみ》さん……麗美さん！」

やっぱり若いだけあります。倉田くんは一転して、性欲を剝き出しにして私に襲いかかってきたんです。

「んあっ……すごい、こんな！」

私はついそんな言葉を口にしていました。ジーンズ越しにもはっきりわかるくらい硬くなった倉田くんのオチ◯チンが、私の太ももに押しつけられたんです。熱くて、逞しくて、ついつい自分から手を伸ばさずにいられませんでした。棒状のふくらみをなぞるように、私の手がリズミカルに上下します。倉田くんはすっかり鼻息を荒げて、私のブラウスを脱がそうとまさぐってきました。

でもその脱がし方や、キスや愛撫はかなり不器用で、倉田くんには女性経験はあまりないのではないかと察しました。

こんなイケメンなのに、もったいないと思いました。

でもそんなたどたどしい愛撫がまたかわいいんです。

ようやく私のおっぱいが露出すると、倉田くんは谷間に顔を埋《うず》めてきました。文字どおり、おっぱいとおっぱいの間に、自分の顔を挟み込んできたんです。

「ああ……すごく、あったかくて、やわらかくて……気持ちいいです！」

倉田くんはまるでうわ言のように、そんなことを言っています。

「あはっんっ……！」

私の口からも、喘ぎ声が洩れました。倉田くんの唇が、私のとがった乳首に吸いついてきたんです。溢れた唾液にまみれて、すごい勢いで舐めてきました。

「ああん、ダメよ、もう……まるで赤ちゃんみたい……」

私がたしなめても倉田くんは唇を離してくれません。舌先で舐め回しつつ、コリコリと歯で噛むような仕草を見せてきました。でもあまり上手くなくて、痛いんです。

「んっ……ダメよ、こうやって、するのよ……」

がっつく倉田くんの体を自分から離して、私は彼のシャツを脱がしました。

想像したとおりの筋肉質な胸板が現れました。そして胸板には、小さな乳首が突起していいます。そこに、私はそっと口づけしました。

「あうっ！」

大きな体をビクンと痙攣させて、倉田くんが悶《もだ》えました。小さな乳首に舌先を器用に絡めると、倉田くんは必死に快感に持ちこたえている様子でした。

「ね……こうして……こうされると、女の人は気持ちよくなるの……」

乳首を舐めたり吸ったりしながら、私は倉田くんのズボンにも手をかけました。チャックをおろし、中のものにブリーフ越しに触れました。

まるで爆発寸前の状態でした。

手で軽く触れただけでも、ドクドクと脈を打っているのがわかるんです。

「気持ちよく、なっちゃった？」

私が下から見上げるようにして倉田くんに言うと、悩ましそうな目でこちらを見返してきます。顔が真っ赤になっているのは、ビールのせいだけではないでしょう。

ブリーフの入り口の部分から指先を忍び込ませました。

とうとう、じかにさわってしまったんです。

「すごく、興奮しちゃってるね……」

私はそう言うと、倉田くんはもう声も出せずに、ただ「うん、うん」とうなずいているだけの状態になっていました。

倉田くんがすごく緊張してくれているおかげで、私はなんだかむしろ心に余裕が出てきました。私がリードして、倉田くんの着ているものを全部脱がしました。

「こんなに大きくして……」

ソファにあおむけになった倉田くんの股間を見おろして、思わず私は言いました。ほんとうに、興奮しきったオチ○チンが天を突くようにそそり立っていたんです。

「す、すいません……」

倉田くんの恐縮した声がおかしくって、私は思わず吹き出してしまいました。

倉田くんも笑っています。そのすきをつくように、私は倉田くんのオチ○チンを呑み込みました。ひと息に、根元まで呑み込んだんです。

「はあ、うっ！」

倉田くんはひときわ大きな声をあげました。大きな体をビクビクさせて、私の頭を軽く両手でつかんできます。私も興奮しました。

私が口をすぼめて吸い出すように顔を上げると、オチ○チンの脈動はさらに強くなってきました。もう一度根元まで呑み込み、また引き上げました。

初めのうちはゆっくりしていたその動きを、どんどん速めていきます。

倉田くんのうめき声が、どんどん大きくなっていきます。

「麗美さん、もう、やばいです……このまま、で、出る！」

その言葉を言い終わらないうちに、濃くて青臭い味が私の口の中に広がりました。

私はソファにこぼさないように、ゆっくりと唇を閉じて自分の口からオチ○チンを引き抜きました。そして、そのまま呑み込んでしまいました。

「ご、ごめんなさい……」

倉田くんは謝りながらも、少し残念そうな表情でした。これから私とエッチできると思っていたのに、口だけで終わってしまったからでしょうか。

「じゃあ、今度は倉田くんが、私のこと気持ちよくしてよ……」

私がそう言うと、倉田くんの表情がぱっと明るくなりました。

「あたりまえでしょ？　男のほうだけがイッても、それで終わりじゃないのよ」

私はすでに乱れた状態だったブラウスとブラを自分で脱いで、倉田くんの目の前にバストを露《あらわ》にして言いました。

「さっきやり方を教えてあげたでしょ？　私のこと、気持ちよくして……」

倉田くんは、恐るおそる、私の乳首に向かって口を突き出してきました。そしてさっき私がしてあげたことを思い出しながら、同じように絡めとるように舌を乳首に巻きつけてきたんです。

「ん……そう、そうやって……そこが、いいの！」

いつもは娘の由香里に勉強を教えてもらっている先生ですが、この日は私が男女の愛し合い方の先生でした。でも先生である私自身も興奮して、快感が高まってきました。乳首から乳房全体に、そして体中に気持ちよさが広がっていくのです。

「んん、気持ちいい、すごく、じょうずよ！」

私は思わず倉田くんの手を取って、自分の股間へとあてがいました。スカートをめくらせて、パンティ越しに触れられると、すぐにじわっと蜜が奥から溢れてくるのを感じました。

「麗美さん、ここ、こんなに熱くて、なんだか濡れてきてるみたい……」

ととのった顔を赤く上気させた倉田くんが、荒い息でそう言いました。

「そう……気持ちよくなると、こんなになっちゃうの……」

そして私は倉田くんの耳に口を近づけて、キスをしながらささやきました。

「ここ……舐めれる？」

倉田くんは、興奮で大きく目を見開いたまま、うなずきました。

「は……はいっ！」

今度は私のほうがソファにあおむけになり、倉田くんはリビングの床に座りました。そして倉田くんの目の前で、スカートを脱ぎ、下着を脱いだのです。そんな私を倉田くんったら、大きく目を開いて、じっとアソコばっかり見つめてくるんです。

「あんまり……見ないで……」

そう言いながらも、見られることに興奮しました。自分から脚を広げて倉田くんからもよく見えるようにして、アソコの左右のヒダを大きく広げました。

「すごい……こんなに濡れて……ビラビラもある！」

どんどん私のアソコに近づいてきた倉田くんの頭を、私は両手でつかんでグイッと引き寄せました。唇というか、顔ごと私の股間に倉田くんがぶつかってきました。

「んん、んんっ！」

すぐに、とがらされた舌先が私のアソコの入り口に挿し込まれてきました。その瞬間に、また奥からたっぷりと愛液が溢れるのを感じました。

ぴちゃぴちゃと、いやらしい音が聞こえてきます。倉田くんの舌の動きはぎこちなくもありましたが、情熱的というか、がむしゃらに舐め回してくるのがうれしかったんです。

もしかしたら、彼が初めて味わうオマ○コの味だったのかもしれません。

「ああっん、ああっん、あはあ！」

テクニックなんて何もないのに、なんだか感じさせられて、舌だけで小さなアクメを感じてしまいました。私はソファの上に体をだらしなく投げ出しました。

「だ……大丈夫ですか？」

私がぐったりすると、倉田くんはアソコから口を離し、心配そうに私をのぞき込んできました。私は上半身を起こし、倉田くんの濡れた唇に濃厚なキスをしました。

そして、すっかり硬さを取り戻したオチ○チンに指を巻きつけて、上下に激しくしごき立てました。

「あっ……ちょっと、これ」

倉田くんはすぐに、気持ちよくなってきたみたいです。

「こんなことばっかり、部屋で、一人で、してるんでしょ？」

私がそう言うと、倉田くんはほとんど泣きそうな顔で耐えています。その顔を見ているとなんだかいじめたくなって、どんどん手の動きが激しくなっちゃうんです。

「あ、あ、あ……また！」

やっぱり若さってすごいと思いました。さっき口の中に出したばかりなのに、もう先端からヌルヌルしたものが溢れ出しているんです。

「ねえ……私のほうも、さわって……」

私のリクエストにこたえて、倉田くんは指先を伸ばしてアソコに触れてきました。

でも、かなりのソフトタッチです。

「もっと……強くして、だいじょうぶよ」

私が煽ると、ようやく指先をグイッと中に入れて、激しく動かしてきました。

「こ……こうですか？」

倉田くんの指先を、私のオマ〇コが締めつけていきます。そうしようと思ってそうしているのではなくて、自然にそうなってしまうんです。

「あっ、んっ、んああ！」

指責めされる下半身が、自然に動いてしまいます。だんだん我慢できなくなってきました。私はもう一度大きく股を開いて、倉田くんの体に両腕を回しました。

「きて……このままでいいから……」

このままというのは、ゴムなしということです。

倉田くんは一瞬、躊躇《ちゅうちょ》したような様子を見せましたが、覚悟を決めたように自分のオチ〇チンをつかんで、私の中に挿入しようとしました。しかし、勝手がわからないのか、亀頭が入ったあと、うまく最後まで挿入することができません。

倉田くんの顔にあせりが浮かび、オチ○チンも心なしか萎《しお》れてきました。

「大丈夫よ……私が上になるね」

私は倉田くんの体を、もう一度ソファの上にあおむけにさせました。

そしてその下半身に跨《また》がって、腰をおろします。オチ○チンに手を添えて、うまくオマ○コの中にすべり込ませます。濡れていたので、スムーズでした。

「あうっ！」

倉田くんが悲鳴に近い声をあげました。そして濡れたオマ○コの肉に包まれて、少し萎れかけていたオチ○チンは、みるみる大きく硬くなってきたんです。

「ああっ、すごいよっ……奥まで届いてる！」

私の言葉はウソではありませんでした。

夫のよりも、ずっと硬くて、大きさも上でした。なによりも、こんな年上の私の体で興奮してくれているのが、ビンビン伝わってくるんです。

私は腰を上下に動かさずにはいられませんでした。倉田くんの分厚い胸板に両手をついて、ソファのスプリングも利用して、跳ねるように、弾けるように動いたんです。

オチ○チンは、私の中でさらに大きくなっていきました。

「あっ、ん、あっ、ん、あっ！」

倉田くんと私の荒い息づかいの波長がどんどん合っていきます。腰の動きが速くなります。パンパンと下半身のぶつかり合う音が、部屋中に響きました。

「イク……イキます！」

ほんとうに出てしまう一瞬前に、私は腰を浮かせて中に出されることだけは回避しました。そして、私もその瞬間に絶頂に達しました。

二人とも、汗だくでした。しばらくぐったりと体を投げ出していた私ですが、起き上がって、倉田くんに向かってこう言いました。

「まだ……できる？」

結局、その日は合計で三回もしてしまい、私はそのつど絶頂に達しました。

私はいまも倉田くんとつきあっています。もちろん家族にはバレていません。

自分のことを、本当にふしだらな母親だと思います。いけないことだとはわかっていますが、彼との関係はやめられません。それくらい、若いオチ○チンって、魅力的なんです。

◉読者投稿手記募集中！

素人投稿編集部では、読者の皆様、特に**女性の方々からの**手記を常時募集しております。真実の体験に基づいたものであれば長短は問いませんが、最近のSEX事情を反映した内容のものなら特に大歓迎、あなたのナマナマしい体験をどしどし送って下さい。

●採用分に関しましては、当社規定の謝礼を差し上げます（但し、採否にかかわらず原稿の返却はいたしませんので、控え等をお取り下さい）。

●原稿には、必ず御連絡先・年齢・職業（具体的に）をお書き添え下さい。

〈送付先〉
〒101-8405
東京都千代田区神田三崎町2－18－11
マドンナ社
「素人投稿」編集部　宛

◉新人作品**大募集**◉

マドンナメイト編集部では、意欲あふれる新人作品を常時募集しております。採用された作品は、本人通知のうえ当文庫より出版されることになります。

【応募要項】未発表作品に限る。四〇〇字詰原稿用紙換算で三〇〇枚以上四〇〇枚以内。必ず梗概をお書き添えのうえ、名前・住所・電話番号を明記してお送り下さい。なお、採否にかかわらず原稿は返却いたしません。また、電話でのお問い合せはご遠慮下さい。

【送付先】〒一〇一-八四〇五 東京都千代田区神田三崎町二-一八-一一 マドンナ社編集部 新人作品募集係

素人投稿《しろうとうこう》スペシャル《すぺしゃる》 禁断の熟妻懺悔録《きんだんのじゅくつまざんげろく》

編者◉素人投稿編集部【しろうとうこうへんしゅうぶ】

発行◉マドンナ社

発売◉二見書房

東京都千代田区神田三崎町二-一八-一一

電話 〇三-三五一五-二三一一(代表)

郵便振替 〇〇一七〇-四-二六三九

印刷◉株式会社堀内印刷所 製本◉株式会社村上製本所 落丁・乱丁本はお取替えいたします。定価は、カバーに表示してあります。

ISBN978-4-576-20106-1◉Printed in Japan◉